JN015462

人材獲得型 M&Aの成功法則

「賃金デューデリ」で買収先の人材レベルを確認する

北見昌朗
Kitami Masao
北見式賃金研究所所長

東洋経済新報社

序文　「人材獲得」で第二創業を目指そう！

M&Aが増えています。後継者難が深刻化するなかで社長の平均年齢が上がる一方なので、M&Aはこれからが本番だと言えるでしょう。

イマドキのM&Aの大きな目的は、人材の獲得です。では「人材」の有無はどうすれば診断できるでしょうか？　それは「賃金」です。賃金を見れば、どんなレベルの人材なのか、おおよその判断ができるからです。

デューデリジェンス（略してデューデリ）とは、M&A（企業買収や合併）のための買収価格を決定する際、買収者が買収対象企業に関する情報を入手し、その情報が真実であるかを調査することを言います。

本書では賃金を基にマンパワーのレベルを把握する「賃金デューデリ」という概念を新たに提案しています。その「賃金デューデリ」こそ、人材獲得型M&Aのツボ。

「賃金デューデリ」は、賃金、賞与、退職金を見るため、「初任給は？」「基本給は？」「諸手当は？」「賃上げは？」など多くの視点から診断します。そうすればマンパワーのレベルも一目瞭然となります。

M&Aは、労務デューデリを実施して労務管理上の問題点を洗い出して整理する必要があります。その際は賃金を見る目利きである専門の社会保険労務士（社労士）に頼む方がいいと思います。

M&Aは失敗も多いもの。M&Aは何割が成功で、何割が失敗なのか？　そんな調査はないでしょうが、相当な割合で失敗していると推察します。筆者は賃金コンサルタントという立場なので関与先の経営を目の当たりにしますが、

「建築業を営んでいるが、有料老人ホーム会社が売りに出たので買収した。しかし社員やパートタイマーが集まらず運営がままならない。手放して撤退したいが、どうすればいいか？」

という相談が最近来ました。また、

「会社を買収したが、そこの専務が退任すると言い出した。専務がキーマンだったので、いなくなると事業継続が困難」

という深刻な相談もありました。なかには、

「とんでもない社員がいて、団体交渉になり吊し上げられた。先が思いやられる」

という話もありました。

M&Aは成功すれば飛躍のきっかけになりますが、逆に失敗すると大損。

特に問題になるのはヒトの問題だと思います。買収した会社の社員から、

「就業規則を不利益変更された」

「退職金制度の改悪だ」

「こんな会社もう辞めます」

などと文句を言われたら、経営者の心労は絶えません。

M&Aはなぜこんなに失敗が多いのか？　それは買収する前に会社を監査するデューデリが不十分だったことが要因。

デューデリにはいろいろな種類があります。社労士が行う労務デューデリ、弁護士が行う法務デューデリ、会計士が行う財務デューデリ、税理士が行う税務デューデリ、弁理士が行う知財デューデリなど多数あり多方面からの審査は本来不可欠のはず。

ところが実際のM&Aの実例を見ていると、デューデリをろくに行わなかったというケースが少なくありません。多額の資金を投じるM&Aなのに、なぜデューデリをまともに行わないのか？　筆者には不思議でなりません。

デューデリがろくに行われていない理由の1つには、悪質なM&A仲介業者の存在があると筆者は見ています。

M&A仲介業者の担当者に共通しているのは、契約を急がせること。

「早くしないとヨソに買われてしまいます」

という感じで迫ります。売買が成立すれば多額のオカネが手に入るので、とにかく急ぎたがる。買い手がデューデリを望んでも、それで時間を取られるのを仲介業者が露骨に嫌がります。

M&Aの仲介業は、法律による資格制度が設けられていません。例えば土地の場合は宅建業法で厳格に定められていますが、それがない。仲介手数料が多額であるため参入者が相次いでいますが、なかには胡散臭い人物がいるのも事実。

例えば決算書もロクに読めない人とか、税金のことをサッパリ知らない人とか、「この人、本当に大丈夫なの？」と思える人も少なくありません。

もちろん、M&A仲介業者のなかには立派な仕事をされているところも少なくありませんが、玉石混交になっているのが残念なところ。

M&Aで売りに出た会社の価値をどう見抜くか？　M&Aに際してやりとりする情報は、主に財務上の資料だと思います。しかし、それでは働いている社員のことはサッパリわかりません。社員が何人なのかぐらいはわかるでしょうが、どんな人がいるのか？　どんな賃金や労働条件なのか？　具体的なことは何もわかりません。それでも「買うか、買わないか」

の決断を迫られるのがM&Aの世界。そこで本書では買収先の労務管理のレベルを一発で見抜く秘訣を紹介します。

M&Aが成功したとしても、問題は買収後です。

M&Aの成否を決めるのはやはり〝人〟であり、働く人が納得してその後も働いてくれれば成功ですが、辞められてしまったら成功はおぼつきません。

会社を買収した経営者は「買収先の社員が辞めてしまわないか？」という不安を抱きます。しかし買収先の社員は逆に「辞めさせられるのではないか？」という不安な気持ちを抱くもの。そのように心理がまったく異なります。

買収先の社員は、神経質なまでにネガティブな受け止めをするもので、「仕事のやり方が変わる→自分たちは見下されている→辞めさせられる」という感じで過剰反応が起こりがち。

慎重を期すため賃金制度の見直しは2段階を踏むのがいいと思います。

第1段階は、買収直後の見直し。失敗事例を見てきた筆者は「買収後にはとりあえず労働条件を変えない方がいい」と助言しています。法的に問題のあるところを除いて、そのままとします。ベースアップを行うとか諸手当を充実するとか、良くすることはあっても悪くすることは禁物。

第2段階は、買収後しばらく経ってから。互いに馴染んでくれれば、人事評価を一新して貢献度に基づく賞与の仕組みにするとか、思い切った刷新も可能になります。

本書では、筆者が取材して回って聞いた失敗事例をこれでもかという感じで紹介していま す。守秘義務があるので内容は変えていますが、実際に起きている事例を中心に書いています。なかには買収後に賃金制度を一新し、それが契機となって主要社員が一斉退職した建築会社の例も載せています。

M&Aは、仲介会社を儲けさせるために行うのではありません。買い手、売り手、売り手の社員という三方よしを実現させてください。

筆者は、中小企業の賃金改定案を山のように手掛けてきた賃金コンサルタント。開業して30年近くになり経験豊富な点では誰にも負けません。ノウハウの塊のような本書が実践の書となり、挑戦する社長へのエールになれば幸いです。

２０２４年元旦

北見式賃金研究所　**北見昌朗**

本書の執筆にかける筆者の想いを語っています。
よろしければユーチューブ動画をご覧ください。

目次

第3部　買収前の労務デューデリジェンスの行い方　73

目次

第4部　買収後の労務デューデリジェンスの行い方　147

第5部　社員への情報開示とその後の接し方　199

第6部　子会社にした場合の賃金制度の見直し　211

第1部

Mergers and Acquisitions

買収前の
デューデリジェンスをしないと
こうなる！

こんなはずでは！
事例❶「ボッコ会社を高値で掴まされた」

「ボッコ会社（「ボッコ」は中部地方の方言で「ボロい」とか「ポンコツ」の意）を高値で掴まされた」という失敗事例を紹介します。この事例には何人かの人物が登場します。

A　買い手側の社長
M＆Aで神奈川第一精機を買った大東京製作所の社長。東京で大正創業の老舗を経営。保有する土地の価額が上がったので、それを担保にオカネを借りてM＆Aをしてみようと思い立った。だが、初体験のことで戸惑うばかり。60歳。

B　売り手側の社長
M＆Aで会社を売った神奈川第一精機の社長。本当は継ぎたくなかったが、家業の3代目の社長になった。社内には労務問題があって苦労したので、早く会社を手放して楽になりたかった。売却金を手にしてからはハワイに居住し優雅に暮らしている。65歳。

C　M&A仲介業者の女性営業担当者

M&A仲介業者「アクトク　コンサルティング」で勤務する女性の営業担当者（35歳）。高卒後、不動産会社に就職して不動産仲介で社内1位の実績を挙げたやり手ウーマン。高い賃金に魅了されてM&A会社に転職。入社して5年目だが、社内では最古参。年収は前年が2000万円、前々年が5000万円、3年前が3000万円。口癖は「早く押してくださ い」で、商談中にそれを連発する。苦手なのは財務諸表を見ること。経理の勉強をしたことがないので、貸借対照表の見方がわからず苦労している。営業利益と経常利益の違いも知らない。もちろん顧客に対しては「決算書を見抜くプロ」という顔を装っている。乗っている車はピンク色のポルシェのカイエン。

D　M&A仲介業者の社長

M&A仲介業者「アクトク　コンサルティング」の社長（38歳）。高校中退後に仕事を転々としたが、通信機器販売会社に転職してナンバーワンの売上実績を挙げた。その後は不動産業を開業して、都心の土地の売り買いに精を出し多額の利益を得た。しかし土地の購入に際して詐欺を行って書類送検されてしまい、宅建業を中止に追い込まれた。

その後はM&A業界に転じて「アクトク　コンサルティング」を設立。目標はM&A業界のトップ企業である「大日本Ｍ＆Ａコンサルタント」を抜いて1位になること。「アクトクコンサルティング」の従業員は20人。定着率が低くて1年で半数以上が入れ替わるが意に介さない。モットーは「人間、本気になったらやれる」という精神論。持っている車は5台だが、そのなかにはランボルギーニがあり、それも「ヴェネーノ」という特別な車種である。苦手なのは決算書で、自己資本比率の計算方法さえ知らない。

Ｅ　大東京製作所の顧問税理士

関与先のＭ＆Ａが増えているので、買収事例や売却事例を多数見てきた。信念は「Ｍ＆Ａを行う前にデューデリが必要だ」で、関与先に対して「社長、大丈夫なのですか？」という言葉が常に出てしまう。

Ｆ　大東京製作所の顧問社会保険労務士

労働法規に精通しながら、会社側の事情も考慮して助言を行うので、社長の智恵袋になっている。

G　大東京製作所の顧問弁護士
関与先のM&Aが増えているので、その相談も増えてきた。関与先が買収した後で問題が発生することが多いので「社長、もっと前に言ってくれれば」と言うことが多い。

その❶ ガッカリ！ 時間外手当をちゃんと払ったら利益ゼロへ

◆煽って急かされて調印

大東京製作所は、神奈川第一精機を買収しました。仲介したのはM&A仲介業者「アクトク　コンサルティング」。その件を時系列で説明します。

事の始まりは1通のDMでした。「貴社に買っていただきたい会社があります」という内容だった。A社長は、さっそく仲介会社に電話した。

2023年1月10日、M&A仲介業者「アクトク　コンサルティング」の女性営業担当者

Cが大東京製作所に来社。Cはメガネをかけたやり手営業ウーマンという感じで入ってきて、A社長に、

「今回ご紹介できる会社さんは、財務内容も良く業種的にも貴社と類似していて相乗効果が見込まれます」

「貴社のようなところが、その会社を買収して成長のチャンスを握ってほしい。私にお任せいただければ必ず御社に貢献できます」

と目を見て挨拶しました。A社長は、

「どんな会社ですか?」

と尋ねましたが、Cはニコッとするだけで教えてくれません。

2月1日、A社長は「アクトク　コンサルティング」と秘密保持契約およびアドバイザリー契約を結びました。

Cは、社名の入った企業概要書をAに手渡ししました。そこには神奈川第一精機という社名と概要が載っていました。A社長は、神奈川第一精機の名前を聞いていて、意中の会社だったので、思わず膝を打ってしまいました。Cは情報提供料として、その場で100万円の請求書を手渡ししました。

3月2日、M&A仲介業者「アクトク　コンサルティング」は、神奈川第一精機の買収を

検討している会社を集めて説明会を行いました。場所は東京の帝国ホテルです。そこに集まっていたのは大東京製作所を含めて5社。

A社長は、何社も来ていると聞かされていなかったので、眉をひそめました。

最初に挨拶に立ったのは「アクトク　コンサルティング」社長のDで、

「神奈川第一精機様の買収に手を挙げてくださったところは100社を超えました。そのなかで選ばれたところが本日の出席者です。M＆Aで事業拡大のチャンスを握ってください」

と挨拶。まだ30代後半とおぼしき人物で、派手なスーツが印象的でした。腕には高級時計が金色に光っていました。

説明会の机の上には「会社概要書」があって売上高や経常利益など主な数字が載っていました。

神奈川第一精機の社長が説明を始めて30分後、参加者の1人が手を挙げました。

「いきなりこう申し上げてはなんですが、神奈川第一精機さんの将来性がわかりましたので、金額の提示をお願いします」

と、せっかちな口調で口火を切りました。その問いに対しては司会のCが答えました。

「金額に関しては説明会の最後のところでご説明させていただきます」

神奈川第一精機の説明が1時間ほどあって休憩に入りました。すると参加企業はこぞって神奈川第一精機の社長の前に並んで名刺交換へ。

休憩後に説明会が再開されました。そこで司会のCは、

「ご希望額は5億円です」

と初めて金額を明らかにしました。

参加企業は帰る際にも、我先にと神奈川第一精機の社長に群がりました。

A社長は帰社しました。するとCが追っかけるようにして飛び込んできました。

「社長、いかがでしたか?」

A社長は、

「うーん、迷うな」

と率直な感想を述べました。

「と言いますと?　お値段ですか?」

「5億円は高いよ」

「そうですか……」

Cは、A社長の本音を探るようにいくつかの質問を繰り返しました。

A社長は、本心では神奈川第一精機を買いたかった。神奈川第一精機の業務内容は、大東

京製作所の前工程とも言うべきもので垂直的多角化であり相乗効果が見込めたからです。だが、買いたそうな顔を見せるのもなんなので難色を示すポーズをしました。

翌々日、Ｃがまたやって来ました。今度は社長のＤも一緒。Ｄは前のめりになって話し出しました。

「実はあれから5億１０００万円で買いたいと言うところが出ました。5億１０００万円超の金額を提示してほしい」

Ａ社長は腕を組んで天を仰ぎました。Ｃは前のめりになってたたみかけるように言いました。

「個人的には、神奈川第一精機さんは、ぜひ御社に買っていただきたいと思います。その方が両社のためになります。御社のグループに入れば神奈川第一精機の社員も安心ですから」

「そうですか……」

「逆にＡ社長の方から金額提示をお願いできませんか？」

「わかりました。でも、そんなに出せませんよ。少々お時間をください」

「いつまでですか？」

「そう言われても大きな買い物ですし。即答できません」

Cは、

「早く決めてくださらないとヨソに行ってしまいますから」

とじれったそうに帰りました。

A社長は迷っていました。家に帰ってからも心は右に行ったり左に行ったり……。そして自分の方からCに電話しました。

「企業価値を調べたいので専門家にデューデリをお願いしたい」

しかし、Cは、

「残念ですが、そんな時間はございません。すでにヨソと話が進みつつあります。即決をお願いします」

と迫ってきました。

A社長は電話を切ってからまた考えました。そして（これも何かの縁かもしれない）と考えて買う決意を固めました。

「Cさん、私が買います」

「エッ、本当ですか？　おいくらで？」

「5億1000万円」

「で、でも、ヨソが5億1000万円という金額を提示しています。わずかでも上回ってください」

「はい、では5億1100万円」

「わかりました！」

このように話はトントン拍子で進み、契約調印の運びとなりました。

3月20日、A社長は神奈川第一精機のB社長と基本合意書を締結しました。基本合意書には買い手側が買収監査（デューデリ）を実施すると書かれていました。A社長がそれを希望すると、Cは、

「エッ？　本当にデューデリをやるのですか？」

と露骨に嫌な顔。そして、たたみかけるように、

「株式譲渡式は4月20日とさせてください」

と指定してきました。

そんな次第でデューデリを一切行わず、4月20日に株式譲渡契約に調印へ。両トップは固い握手を交わしました。その際のBは（助かったあ！）と言わんばかりの満面の笑み。

また、神奈川第一精機の総資産は10億円でしたので、仲介手数料は5％の5000万円。大東京製作所および神奈川第一精機それぞれが払いましたので、M&A仲介業者が手にした手数料は合計1億円。

◆社員にとっては寝耳に水

4月21日、A社長は神奈川第一精機に赴いて全社員の前で挨拶しました。

「急なことではありますが、私は社長に就任したAです。これからみなさんとともに良い会社を目指して励んで参りますので、よろしくお願いします」

社員からしてみれば寝耳に水。不安感を顔に浮かべる者が多くいました。なかには動揺を隠せない者も。

Aは社員説明の後で、神奈川第一精機の社長の椅子に座り事業を拡張できたという実感を持ちました。

◆顧問税理士が首を傾げる

M&Aが成立してから、大東京製作所の社長は顧問の女性税理士のEを呼んで事情を説明しました。まったくの事後報告なので、Eは不安に思い神奈川第一精機の決算書を借りて帰って、つぶさにチェックしました。

E税理士は、事務所に戻って計算してみると、神奈川第一精機は多めに見積もっても3億円の価値しかありません。しかも疑問点や問題点は山のようにありました。

E税理士は翌日決算書を返しに来ました。

「どう計算しても5億円にはならない。M&Aを行う前にデューデリが必要ですよ。なぜ私にそれを頼まなかったのですか！」

と詰め寄りました。

A社長は、E税理士の顔をまじまじと見つめました。A社長の心のなかに不安が芽生えた瞬間です。

◆労働組合から団体交渉の申し入れ

買収して3カ月後、A社長はFAXで労組の団体交渉の申し入れを受けました。神奈川第一精機に急きょ労働組合が結成されたのです。会社の売却という大事件で、みなが動揺し、社員30人のうち25人が加入していました。上部団体は強硬なことで有名なところ。

A社長は神奈川第一精機の社長になって団体交渉の場に引きずり込まれ、次の要求を突きつけられました。

> 要求①「時間外手当の計算がおかしいので、是正してほしい」
> 要求②「未払いの時間外手当を過去3年間に遡及して払ってほしい」
> 要求③「賞与は年間5カ月分を保障したうえで査定によりメリハリをつけてほしい」

要求④「昇給は毎年最低でも6000円にしてほしい。そのうえで今年は物価手当を支給してほしい」
要求⑤「住宅手当を新設してほしい」
要求⑥「36時間外協定を出していない支店で、違法な残業をさせた」
要求⑦「就業規則は10人以上の事業所なら労基署に届け出義務があるのに行っていないなど労基法違反が目立つ」
要求⑧「退職金規程は、定年退職の場合で1000万円出るようにしてほしい」
要求⑨「社内の最低賃金を定めてほしい」
要求⑩「労組と労働協約を結び、そこに『使用者が解雇や配転・出向を行うに際し、労働組合の同意や労働組合との協議を必要とする旨』を入れてほしい」

A社長は、もう目をパチクリ。身動きすらできなくなるほどの驚きでした。

(こんな話は聞いていないない)

と、もう逃げ出したい心境になり瞬きしました。そこで顧問弁護士のGのもとに飛んできました。G弁護士は、神奈川第一精機の買収のことは事前に知らされていなかったので団交の要求書を見ながら驚きの表情を隠しませんでした。

「こんな労務問題があったと聞いていましたか？」

と尋ねられましたが、A社長は、

「買収したときは労組がなかった」

と首を横に振りました。G弁護士は社長の顔を見ながら、

「もっと前に言ってくれれば」

と首を傾げました。

そして団体交渉の当日です。A社長にとっては人生初の体験。組合員のみならず上部団体の幹部もやって来て、

「劣悪な労働条件を改善してください」

と社長を吊し上げました。

A社長は事情がわからないので、

「確認のうえで回答する」

という返事をするのがやっとでした。

A社長は自社の顧問社労士Fと2人で、神奈川第一精機の前社長の奥さんと会いました。奥さんは、賃金計算を担当していました。

A社長「奥様が賃金計算をされていたのですよね？　割増賃金の計算が間違っていたので

すか?」

奥さん「はい、少しは問題があったかもしれません」

A社長「はあ、どういう意味ですか? 労組が言ってきたように計算式は間違っていたのですか?」

奥さん「まあ、その、多少の間違いはあったかも……」

A社長「本来の賃金の半額しか基礎に入れずに時間外手当を計算していたのですか?」

奥さん「はい」

A社長「なぜ、こんな賃金計算をしてきたのですか?」

奥さんは答えに窮しました。

奥さん「主人から『こうやって賃金を計算しろ』と言われていましたので……」

A社長「でも、間違いがあっては困るじゃないですか!」

奥さん「はい、でも、こう申し上げてはなんですが、中小企業はみんなこんなものだと思います」

A社長は話を聴いてイラだちました。

A社長「それから36時間外協定のことですが、どうなっていますか? 本社は届け出してあるが、支店は届け出していないそうですね。本当ですか?」

奥さん「はい、うちの会社は支店が1カ所ありますが、本社のみで届け出してあります」

A社長「なぜ？」

奥さん「手間なので、本社のみの届け出にしていました」

A社長「でも支店でも出す必要があったのですよね？」

奥さん「中小企業はどこでもそうですが人手不足で、何でも掛け持ちでやっているので完璧を求められても……」

A社長は、これ以上話しても意味ないと思い、奥さんに帰ってもらいました。

大東京製作所の顧問社労士のFは、

「社労士がいないから、こうなるんだ」

とため息を吐きました。

顧問社労士のFが帰った後、A社長は神奈川第一精機の社長室で長嘆。

（労組の言うことは理解できる。しかし神奈川第一精機の経常利益は、２０００万円前後〔役員報酬を取らずに〕なので、とても呑める要求ではない）

と思って労組に対する回答を書き上げました。その内容は、いずれの要求にもすぐ答えることはせず「経営状況のこともあるので労働条件の改善には時間を要する」とだけ記しました。

次回の団交で、組合にはその旨通知しました。

◆時間外手当をちゃんと払ったら利益ゼロに

団交の数日後、神奈川第一精機に突然女性が訪ねてきました。女性は、およそ無愛想な表情で入って来るなり手帳を取り出しました。

「私、こういう者です」

女性は労働基準監督官Hでした。

フロントにいた事務員は驚いてA社長を呼びにいきました。

A社長は、名刺を交換しながらどぎまぎ。

監督官は驚く社長に対して、

「事業主の方ですか? ただいまより労働基準法第101条第1項に基づく事業所の臨検を行います。タイムカード、賃金台帳、就業規則等を出してください」

どうも労組がチクったようでした。A社長は慌てて資料を用意しました。H監督官は賃金台帳を見入って電卓を叩きながら賃金をチェックしました。

「割増賃金の計算がおかしいようですね。労基法で定められたことですので、正確に計算してください。時効である過去3年間に遡ってです。それから36協定を出さずに労働者に残業をさせてきたことは労基法に違反しています。ただちに是正してください」

と、言いながら是正勧告書を手渡しました。

「さ、3年間！」

A社長は青ざめながら是正勧告書を受け取りました。

A社長は監督官が帰った後で、天を仰いで嘆息。

時間外手当の計算は「基礎賃金÷月間平均勤務時間×1・25」で、それは法定で決まっています。しかし神奈川第一精機は基礎賃金が小さな基本給のみしか入れておらず、しかも分母の月間平均勤務時間も間違っていたので、それを正すと人件費が2000万円上がってしまう。そうなると利益が全部すっ飛んでしまう。

その後、団交がまた行われて、A社長は、

「時間外手当は適法に計算して支給する。時効である過去3年間に遡って精算する」

「36時間外協定は支店でも締結して労基署に届け出する」

「就業規則は支店でも届け出する」

などと回答しました。また、

「賞与は年間5カ月分を保障したうえで査定によりメリハリをつけてほしい」

「昇給は毎年最低でも6000円にしてほしい。そのうえで今年は物価手当を支給してほしい」

「住宅手当を新設してほしい」

「退職金規程は、定年退職の場合で1000万円出るようにしてほしい」

「社内の最低賃金を定めてほしい」

「労組と労働協約を結び、そこに『使用者が解雇や配転・出向を行うに際し、労働組合の同意や労働組合との協議を必要とする旨』を入れてほしい」

という要求に対してはNOと回答しました。

このような経緯でA社長は、B前社長が残した負の遺産を背負って神奈川第一精機の再建に取り組むことになったのです。これが長い苦労の道のりの始まりでした。

その❷
ガッカリ！キーマンの退社で仕事を継続できず

その後、経営再建に取り組むA社長をさらに悩ませる問題が発生。B前社長の子飼いだった専務（70歳）が退任すると言い出したのです。

「持病が悪化して仕事を続けられなくなった」

その辞表を突然もらった夜は、まんじりともしませんでした。

問題は仕事で、専務にしかできない仕事がありました。特殊な商品だけに、仕入れはノウハウのまさにキモの部分でした。

神奈川第一精機は社員が30人いたものの、その目利きができたのは専務1人。

こんなわけでキーマンの退職によって営業が継続困難になるという重大な経営リスクに直面したのです。

A社長の白髪は一気に増えました。

◆「オレが馬鹿だった」

この専務の突然の退任は、A社長の経営の意欲を削ぎました。

(なぜ、こんな会社を買ってしまったのか!)

(デューデリもやらずに買った自分が馬鹿だった。専門家に見てもらうべきだった)

(それにしても腹が立つのは仲介業者「アクトク　コンサルティング」のCだ。あいつが「早く押して」と迫るからこうなった)

A社長は一言文句を言いたくなり「アクトク　コンサルティング」に電話しました。ところが、

「おかけになった電話番号は現在使われておりません」

「アクトク　コンサルティング」は、D社長が詐欺容疑で逮捕され、会社は廃業に追い込まれていたのです。

困り果てたA社長は、神奈川第一精機を売却する意思を固めました。そこで別のM&A仲介業者に連絡しました。

A社長のもとには、

「貴社を購入したい会社がございます」

という手書きのDMが毎日のように来ていました。

連絡したM&A仲介業者は、担当者が神奈川第一精機に来て決算書を借りていきました。しかし、その査定額は買収額5億1100万円の半分にも達しません。そのうえ、「この金額でも買い手が見つかるかどうか？」と自信なさげ。担当者がさらに問題視したのはインターネット上の記述でした。インターネットで神奈川第一精機を検索すると、某労組の掲示板で神奈川第一精機の団交の模様が書かれており、いかにも紛争中だと感じさせるものでした。

案の定、実際に売り出してみると値段がつきませんでした。

A社長は神奈川第一精機を手放すこともできず、再建に向けて悪戦苦闘の日々。

◆悪いのは悪徳M&A仲介業者

この失敗事例はそもそも誰に問題があったのか？　ロクに調べもせずにM&Aを行ったA社長は、文字通りお人好しで騙されてババを掴まされたわけですが、騙した側のM&A仲介業者「アクトク　コンサルティング」の経営者であるDと担当者のCにも問題があります。

彼らが十分に商品（この場合は神奈川第一精機）に関して調べもせずに売買したことが問題で、本来なら神奈川第一精機に関するデューデリを行ったうえで他人に紹介するべき。法外な手数料を取るだけで、後は知らないという無責任そのものの営業姿勢は非難に値します。

◆嘆く専門家

神奈川第一精機の例はいささか極端だったかもしれませんが、決して珍しいことではありません。専門家からすれば首を傾げたくなる事例が多すぎます。専門家の嘆きを代弁すればこんなところでしょう。

専門家　公認会計士

企業の価値を評価して査定するのは、本来公認会計士の業務。監査という業務は、専門的な知識がなければできない。M&Aに際しては公認会計士による監査が不可欠。

専門家　税理士

税理士は関与先と深く結びついているので、内情を熟知している。税理士間での情報ネットワークもあるのでM&Aは税理士に相談すれば最適なパートナーも見出せるはず。M&A仲介業者の言うことを鵜呑みにせず、まず税理士の助言を聞いてほしい。

専門家　社労士

社労士なら、労務管理に関するデューデリができる。Ｍ＆Ａを行う際は事前に依頼してほしい。「労務管理監査報告書」を作ってもらえば安心。

専門家　弁護士

弁護士は、法務デューデリができる。各種の契約関係をチェックすることで不備を指摘して改善措置を講じることができる。

このほかにも弁理士や不動産鑑定士などの専門家もＭ＆Ａに関わることができるでしょう。あらかじめ相談のうえで助言を得ることをお勧めします。

この失敗事例「ボッコ会社を高値で掴まされた」は、筆者がインターネットで動画を使って解説しています。パスワードは不要です。

第 2 部

Mergers and Acquisitions

デューデリジェンスを省きたがるM＆Aの実態

その❶

M&Aの一般的な流れ

M&Aの初心者の方も多いと思いますので基本から説明しますが、M&Aの一般的な流れは次の通りです（図1）。

図1　M&Aの流れ

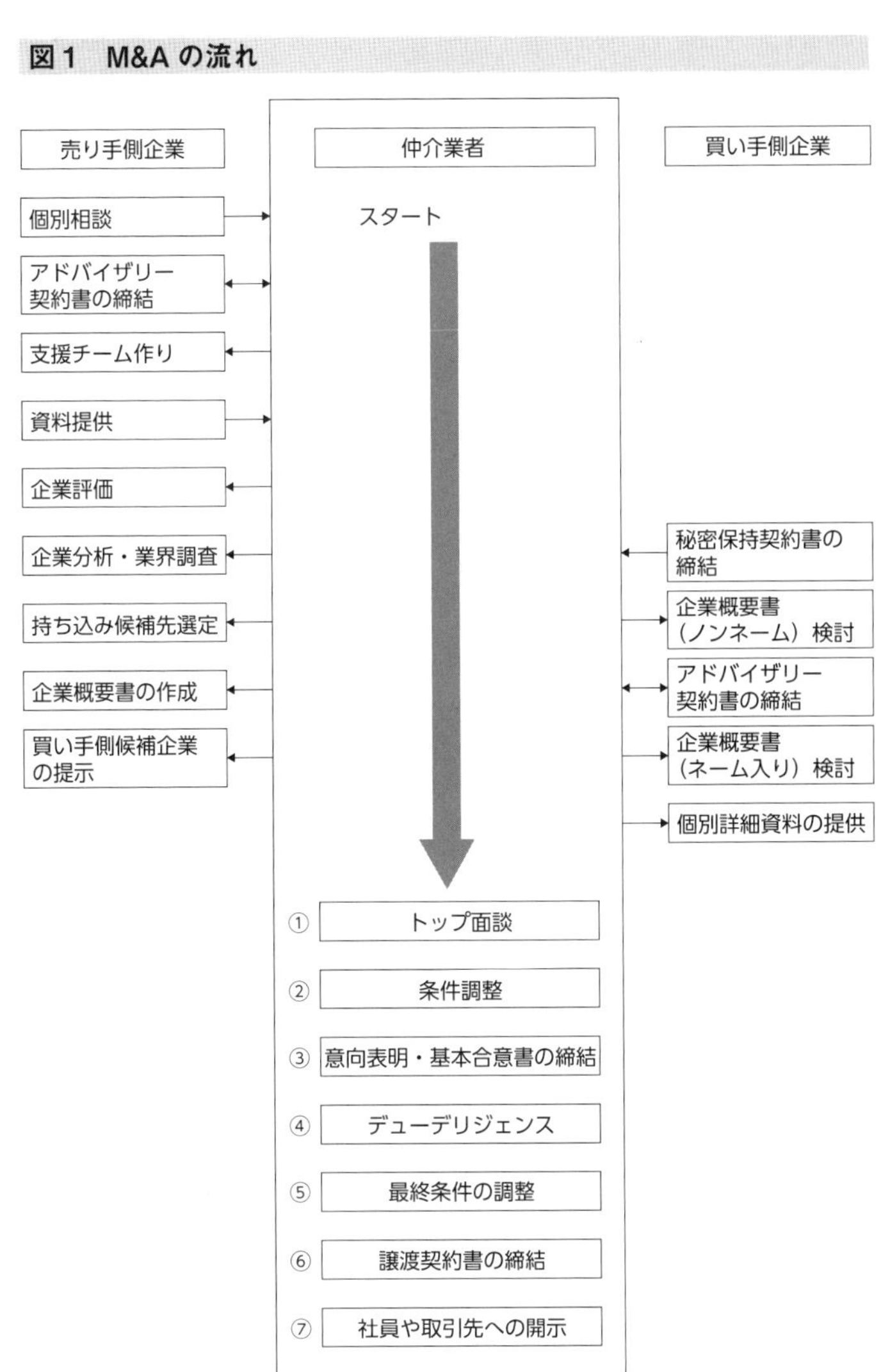
売り手側企業
仲介業者
買い手側企業
個別相談
スタート
アドバイザリー契約書の締結
支援チーム作り
資料提供
企業評価
企業分析・業界調査
持ち込み候補先選定
企業概要書の作成
買い手側候補企業の提示
秘密保持契約書の締結
企業概要書（ノンネーム）検討
アドバイザリー契約書の締結
企業概要書（ネーム入り）検討
個別詳細資料の提供
① トップ面談
② 条件調整
③ 意向表明・基本合意書の締結
④ デューデリジェンス
⑤ 最終条件の調整
⑥ 譲渡契約書の締結
⑦ 社員や取引先への開示

その❷

M&Aの用語解説

【企業概要書（ノンネーム）】

企業を特定できないような曖昧な情報で、M&A仲介業者が買い手候補に提示するもの。社名なしのノンネームシートを見て、買い手企業がM&Aに興味を持ったらアドバイザリー契約を締結します。

【アドバイザリー契約】

M&A仲介業者などと締結する仲介契約。アドバイザリー契約と同時に、秘密保持契約についても締結。通常は一社の仲介業者などと排他的な専任契約を締結。一般的なアドバイザリー契約では、報酬額や業務範囲、今後の流れ、免責事項などについて取り決めます。アドバイザリー契約を結んだら、本格的にM&Aの流れが進んでいきます。

【企業概要書（ネーム入り）】

M&Aにおける売り手企業（社名入り）に関する詳細な情報が記載された書類。企業概要書には事業内容や財務状況など、売り手企業の詳細な情報を記載します。

【正常収益力】

正常収益力とは、営業によって今後も継続・安定的に期待できる真の収益力のことです。デューデリでは、買収対象の過年度分の損益計算書をベースに、正常な営業循環による経常的な収益を分析で見出し、正常収益力とします。

調整項目のなかには未払い賃金とか、社会保険料の滞納の有無もありますので、それをチェックする労務デューデリはとても重要です。そこを見落とすと売買後にもめやすくなります。

【基本合意書】

基本合意書とは、譲渡対象範囲、その金額などのM&Aの基本条件を合意した段階でその内容を確認する意味合いで締結するもの。当合意により、売り手が買い手に独占交渉権と買収監査の機会を付与するのが通常です。

【株式譲渡契約書】

株式譲渡契約書とは、対象会社の株式を譲渡する売り手と、当該株式を譲り受ける買い手が、当該株式の譲渡に関して合意する契約書です。契約書には譲渡の対象となる対象株式の特定、譲渡価格、譲渡実行日などの基本的な事項のほか、価格調整条項、表明保証条項、取引の前提条件と誓約条項、補償条項、解除条項などが記載されます。

【表明保証】

売り手が買い手に対し、最終契約の締結日や譲渡日などにおいて対象企業に関する財務や法務などに関する一定の事項が真実かつ正確であることを表明し、その内容を保証するもの。

【PMI】

Post Merger Integration（ポスト・マージャー・インテグレーション）の略。M&A成立後の統合プロセスのこと。統合による効果の最大化を目的として行われる一連のプロセスを意味します。経営統合、業務統合、意識統合の各プロセスを経て初めて、相乗効果の促進、企業価値の向上が期待できます。

その❸

本来あるべきM&Aの姿とは

筆者は、Ｍ＆Ａとは本来かくあるべきものだと考えます。

◆仲介業者は、売り手側と買い手側で異なるべし

Ｍ＆Ａは結婚に例えるとわかりやすいです。

売り手の仲介業者は、娘（会社）を嫁がせる父親（社長）から頼まれた仲人のような立場。嫁ぎ先がどんなところなのか調べ、そもそも相性が合うかどうか熟慮するべきです。

一方の買い手側の仲介業者は、買収する先に問題がないか徹底的に調べるべきです。買った後でこんなはずではなかったとなったら顧客の信用を失います。

売り手と買い手では立場が違うのですから、その両方の立場に立つ双方代理は利益相反だから本来あってはならないはず。

◆互いの情報をさらけ出すべし

結婚するからには、互いのことを教え合うべきです。例えば、健康状態は？　収入は？　はたまた借金は？　家族は？　同居か非同居か？　などと気になる事実を最初に伝えないといけません。不都合な事実を後から教えるのは不誠実。

それと同じでM&Aにおいても情報開示は不可欠。決算書を見せるのは当たり前としても、そこに載っていない情報、例えば社員構成とか、どんな人物がいるとか、困った社員がいるとか、賃金の額とか、諸手当とか、賞与とか、退職金とか洗いざらい相手に伝えるべき。

◆検討するのに一定の期間が必要

お見合いの最初は、両サイドの仲人の同席のもとで行われます。そこで互いに気に入ったら交際に入るわけですが、その交際には一定の期間が必要なはず。常識的に考えれば毎週会ったとしても、互いに見定めるのに半年ほどは必要ではないでしょうか？　その交際期間が短すぎれば、それが不幸の原因になるのは目に見えています。

M&Aはトップ面談がそのお見合いに該当するわけですが、そこから結婚、つまり譲渡契約までの間に一定の期間が必要なのは当たり前です。

◆買収にあたっての条件交渉もする

結婚するにあたっては、互いの条件があるもの。例えばどこに住むのか？　親と同居するのか？　仕事はどうするのか？　子供は？　など。

M&Aの場合は、買収後に子会社にするのか？　吸収合併するのか？　子会社にする場合の社名は？　という基本的条件の交渉があるはず。そこは売り手側にとって重要な前提条件です。

◆統合の相乗効果を目指す

M&Aによって、単純に「１＋１」になっただけでは面白くありません。統合によって二乗三乗の相乗効果を生み出したいもの。そのビジネス再構築に向けて、売り手と買い手が議論を重ねてほしい。

◆仲介業者は最後まで面倒を見るべし

結婚がすべてうまくいくとは言えないように、M&Aもうまくいかないことはありえます。そんな際は仲人として、M&A仲介業者は間に入って仲裁するべき。そこまでやってこそ価値があります。

ところが現実のM&A仲介業者は、この「本来あるべき姿」を失っているところが少なくありません。その酷い仕事ぶりは、冒頭の事例が象徴的です。

その❹ 問題がある事例

筆者はいま机の上に大きなファイルが入った段ボール箱を置いています。それはM&Aを最近行ったばかりの顧客A社からお借りしたもの。

A社はC社を買ったわけですが、仲介業者は筆者でも知っているぐらい著名な会社。その資料をつぶさに見れば、その仕事ぶりがわかります。

読者諸兄姉には、疑似体験をしていただく意味もありますので詳細に説明しましょう。以下は最終契約までの流れを示したものです。

1月25日　アドバイザリー契約
2月15日　トップ面談
2月15日～3月7日　意向表明
3月7日　基本合意書締結（詳しい資料を買い手側に提供へ）
3月7日～3月末日　買収監査
4月1日～4月30日　契約書調整
5月1日　株式譲渡契約（最終契約）
5月15日　社員への開示

筆者は、ファイルに綴じられた資料を丹念に読みました。そこで気づいたのは「買収監査」、つまりデューデリの資料がないということ。

「基本合意契約」で売却額が一応決まりますが、その後で「買収監査」が行われて「最終条件交渉」の末に「最終契約」に至る流れのはず。

もしもこの「買収監査」がきちんと行われずに後から瑕疵（かし）が見つかれば問題に発展しかねませんので、ココは最重要のはず。

筆者は買収側であるA社のB社長に尋ねました。

北見「デューデリをした書類がありませんが、どうなっていますか?」
社長「デューデリはしていません」
北見「なぜですか? 『株式譲渡に向けた手続きの流れ』を見ると『買収監査』となっているので、そこで専門家による各種デューデリがあったのでしょ?」
社長「いいえ専門家には頼んでいません。会社を買った後で弊社の顧問の税理士に説明しただけ」
北見「しかし『買収監査』となっているのだから、それをしないのはおかしい」
社長「でも、やっていません。仲介業者から『やれ』とも言われませんでした。しかし実は後からいろいろな問題が発覚して『こんなはずではない』とか『こんなこと聞いていない』の連発。仲介業者に対しては、デューデリをしっかり行ったうえで会社の売買をするべきだと怒りを抑え切れません。正直言って〝売りっぱなし〟の状況。頭にきて仲介業者に電話したこともありますが、すると担当者が辞めていた」
北見「もう一度確認しますが、デューデリをしましょうと仲介業者の方から言ってこなかったのですか?」
社長「はい。そんな話はまったく聞いていません」
このようなやりとりでわかる通り、「買収監査」が実際にはスッポリ抜けていたのです。

ここで何が問題なのか？　筆者は前出の資料に「×」をつけてみました。

1月25日　アドバイザリー契約
2月15日　トップ面談
2月15日〜3月7日　意向表明
3月7日　基本合意書締結（×　提供される資料は従業員名簿＋年収＋賃金台帳＋就業規則ぐらい。買収監査をするにはタイムカードなど詳細な資料提供が不可欠だが、それが添付されていない）
3月7日〜3月末日　買収監査（×　ろくに資料が揃っていない状態では短期間で買収監査ができるわけがない）
4月1日〜4月30日　契約書調整
5月1日　株式譲渡契約（最終契約）
5月15日　社員への開示

つまり「基本合意書締結」→「買収監査（デューデリ）」→「株式譲渡契約書の締結」という流れのなかで「買収監査（デューデリ）」にあたる部分の時間的余裕がなさすぎるのです。

◎資料から読み解くM＆Aの問題点

この問題事例をさらに時系列に沿って詳述します。

◆M＆Aセミナー受講

1月、A社のB社長はM＆A仲介業者が主催するセミナー「良い会社を買って事業を伸ばす」に参加しました。講師は公認会計士。骨子は次の通りでした。

なぜM＆Aか？
買い手にとっての良い会社とは？
相手先の見つけ方
M＆Aの流れ
買収の意思決定のポイント
M＆A価格の決定
M＆A手法の決定
買収時の留意点

M＆A契約書への記載事項
買収後の留意点
労務関連の実務
M＆A失敗事例（買い手側）
まとめ

「M＆A価格の決定」のところは「時価純資産（清算価値）＋営業権（経常利益×年分）＝M＆A価格」という説明があって、「○年」というのは「5年分」が多いと説明された。

「M＆A手法の決定」のところは、株式譲渡もしくは事業譲渡の2つがあり、株式譲渡は「信頼関係のある先、財務内容が良い先が対象となる」と説明された。

「M＆A契約書への記載事項」のところは「瑕疵担保条項」をどう定めるかがポイントだと説明された。

「労務関連の実務」のところは「株式譲渡の場合はそのまま雇用を継続する。事業譲渡の場合は譲り受け会社にて再雇用する（転籍）」と説明。また労務リスクに関しては次のように説明された。

①未払い賃金・未払い社会保険料などがあって貸借対照表に載っておらず、隠れ債務になっていた場合、それを買収監査（デューデリ）を行っても検出できないことがある。賃金は秘密のデータだからヒアリングそのものが難しい。そのリスクは、株式譲渡の場合は基本的に買い手側が負う。ただし瑕疵担保責任を問うて売り手に転嫁されることもありえる。

②退職金債務は、事業譲渡の場合はそのまま継続する（貸借対照表未計上の場合はM&A価格で調整）。事業譲渡の場合は、転籍時に旧会社で清算。

「M&A失敗事例（買い手側）」のところは「買収監査（デューデリ）を実施しなかったため、買収後に瑕疵が見つかったケースがある」と説明された。

筆者はこのセミナー資料を読んで次のように感じました。

・株式譲渡を受ける場合は、買い手側の意思と費用で買収監査（デューデリ）を行うべき

ことになっている

・退職金規程は、そのまま承継することになるので買収前にその内容を確認して簿外負債をあらかじめ確認するべき

◆アドバイザリー契約

1月25日、B社長はM＆A会社のスタッフと面談して、アドバイザリー契約を結びました。筆者が気になった箇所は次のところです。


（本件業務の範囲）本件提携の交渉、監査等の立ち会いおよび助言。

（情報提供料）譲渡企業の簿価総資産額による。（例：10億円の場合は１００万円）

（成功報酬）譲渡企業の簿価総資産額による。（例：10億円の場合は４％で４０００万円）

（実費の負担）本契約の目的達成のために甲（買い手のA社）が委任した専門家に支払う費用は、甲の負担とする。

（免責）甲は、乙（M＆A会社）より入手した本件提携に関する各種情報、資料等に関しては、乙がその真実性を保証するものではないこと、ならびに甲が自らの費

用負担において監査を実施した上、自らの責任において本件提携に関する意思決定を行うことを確認する。

筆者はこのアドバイザリー契約書を読んで次のように感じました。

・成功報酬が異様に高い。買い手側と売り手側の双方から成功報酬をもらえる。不動産の売買手数料と比較しても異様に高く感じる

・両方からもらうのは利益相反だ

・買い手側は、自らの意思と費用で監査（デューデリ）を行わないといけない。買収後に瑕疵が見つかったとしてもM&A仲介業者に対して紹介責任を問えない

2月10日、B社長はM&A仲介業者から売り手側の候補企業C社の情報提供を受けました。「企業概要書」には具体的な社名が載っていました。その主な骨子は次の通り。

第1章　サマリー

①事業サマリー

②財務サマリー

③案件サマリー
第2章　会社概要
①会社概要
②沿革
③株主構成・役員構成
④所在地
⑤組織図
⑥従業員一覧
⑦労働環境
第3章　ビジネスの概要
①業務フロー
②主要取引先一覧
③許認可・知的財産権一覧
第4章　財務データ
①貸借対照表
②損益計算書

③不動産状況
④主要設備一覧
第5章　資本提携に向けて
①買収メリット
②譲渡の希望条件
③M&Aのフロー図
④照会先

このなかで労務関係のところは組織図と従業員一覧で、職種・年齢・勤務年数・資格・賃金・賞与・年収が載っていました。

まだ会社を買うという段階ではないので、このように限られた情報しかないのがわかります。

Q　どんな社員がいるか？
Q　どんな賃金制度なのか？
Q　労基法を遵守しているか？

などは想像だにできないレベルの情報。

また次のようなことも載っていました。

就業時間　8時~17時（12時から休憩1時間）
休日　年間１０５日
手当　役付手当、運転手当、通勤手当、割増賃金
定年　規程なし
退職金　退職金共済で積み立ててある額を支給
労働時間の把握方法　タイムカード
36協定　届け出済み
未払い時間外手当　なし
社会保険の未払い　なし
労働組合の有無　なし

筆者はこれを見て、誰が監査した結果なのか？　と疑問を感じました。おそらく売り手側の会社が「未払い時間外手当はなし」と答えたのでしょうが、それを鵜呑みにして載せる仲介業者も無責任だと思います。

「簡易株式価額評価書」には次のようなことが載っていました。

「時価純資産額＋営業権」でM&A価額を計算する。
評価額は〇万円～〇万円（幅のある記載）
決算書3期分
時価貸借対照表を作るために、土地は実勢価格で評価替え。所有有価証券は時価で評価替え。退職金債務があればその分を控除
正常収益力を出すために、一時的な雑収入を控除
時価貸借対照表の作成
正常収益力を基にした損益計算書を作成
株式評価（M&A価額）
所有不動産一覧
償却資産一覧

筆者はこの簡易株式価額評価書を読んで次のように感じました。

・この資料はM&A会社のスタッフが作成したものであり、専門家が監査した結果ではな

いのない
・M&A会社のスタッフが、労務リスクを判断する能力があると思えないので信頼性が低い

2月15日、A社とC社はトップ面談を行いました。
3月7日、A社とC社は「基本合意書」を締結しました。
ただし基本合意書の内容を見て、筆者は次のところが気になりました。

（調査）乙（A社）は、本合意締結後遅滞なく、乙の指定する公認会計士等による財務、法務、労務、事業運営に関する調査を実施するものとする。調査に要する費用はすべて乙の負担とする。
（従業員の処遇）乙は、本件取引後2年間は、本件取引時点において雇用している正社員の雇用を維持するとともに、労働条件を実質的に下回らないことを保証する。

これを見ればわかりますが、買収監査（デューデリ）を行うのは買い手側の責任です。
また、次のようにも書かれていました。

（有効期間）本合意書は、契約締結後2カ月以内に最終契約が締結されない限り失効する。

ということは、買い手側には2カ月間という猶予期間しかないわけです。その間にデューデリを行うわけですが、仲介業者は実際にはそんなに待ってくれない。

5月1日、A社とC社は「株式譲渡契約書」を締結しました。場所はM&A仲介業者のオフィス。

筆者は「株式譲渡契約書」の内容を見て次のところが気になりました。

（保証）対象会社（C社）は、従業員に対し、雇用条件および労働関連の法令等に基づき従業員に対して払うべき金銭の支払い義務（時間外、休日または深夜労働の割増賃金を含むが、これらに限られない）を全て履行していること。対象会社とその役職者との間には、労働問題に関する紛争は存在せず、また、そのおそれもないこと。

（損害賠償）甲（C社）は、以下の各号のいずれかの事由に起因又は関連して乙（A社）

が被った損害、損失、費用（合理的な弁護士費用を含む）を補償する。なお、表明もしくは保証の違反に基づく甲の義務の違反に起因又は関連して対象会社が被った損害等は乙が被った損害等とみなす。

①甲の表明及び保証の違反
②本契約上の甲の義務違反

売り主および買い主は、故意または過失により本契約に違反し、これにより相手方に侵害が生じた場合、譲渡日後2年間に限り、相手方に対して当該損害を賠償する。

と書かれていました。しかし具体的な記述がありません。

例えば未払い賃金が発生したとします。時間外手当の計算式が違法だった場合、それを適法に直せば以後の時間外手当の単価が増えます。つまり「過去の未払い時間外手当」および「今後増える時間外手当」という2つの費用が発生するのが考えられますが、どう扱うのか契約書からは読み取れません。

仮に瑕疵が見つかった場合でも、買い手側は売り手側に損害賠償を請求できるのでしょうか？

現実的には困難かもしれません。

なぜなら売り手側のトップはたいていの場合、引き継ぎのため会長とか顧問のような立場で残るもの。その人を訴えるなどできないからです。

要するに株式取得によるM&Aは、買った側がその後に全責任を負わされるのが現実のようです。ここが怖い。

それにしても驚くのはスピード。「基本合意書」から「株式譲渡契約書」までごく短期間しかありません。その期間で買収監査（デューデリ）を行う時間的な余裕があるでしょうか？　各分野の専門家に監査を仰ぐことができるでしょうか？　どう考えても無理だと思いますが、読者諸兄姉はいかが思われますか？

B社長は振り返って次のように語っています。

「M&A仲介業者はとにかく急かしてきて、考える暇も与えない。買う側からすれば人生で初体験のようなことだから迷うのが当たり前。ところが仲介業者はあくまでも自分のペースで進めるので考える余裕を与えてくれない。仲介業者はデューデリをさせたくないようで、私が専門家に監査をお願いしたいと言ったら『エッ！　やるんですか』と露骨に嫌そうな表情。しかたなく最後はエイヤでハンコを押しました」

その❺

急ぐ・急がせる関係者の心理

Ｍ＆Ａ関係者の心理を説明します。

売り手側は、売るべきかどうか最後まで迷って悩んでいます。しかし、基本合意書を締結した後は逆に迷いがなくなり早くオカネをもらいたい。

買い手側は、トップ面談までは買いたい一心。しかし、基本合意書を締結した後は不安がよぎり大丈夫なのかと迷い始めます。

一方、仲介業者は譲渡契約書の締結がゴールであり、とにかく早く進めたい。基本合意書の締結を済ませたら一刻も早く譲渡契約書の締結まで進めたいので、デューデリを簡単に済ませたいのが本音。

オシリを決めたうえで日程を決めさせるM&A仲介業者

売買対象が中小企業の場合は「トップ面談」から「譲渡契約書」までの期間は、早い場合なら3カ月ほどの場合が多く、その日程は仲介業者がリードする形で進みます。例えば、

「意向表明は○日までに」
「基本合意書は○日までに」
「買収監査は○日までに」
「譲渡契約書の修正は○日までに」
「譲渡契約日は○日までに」

という感じで、遅延を許そうとはしません。

売り手側も買い手側も経験不足なので、仲介業者から言われるがまま。

図2　M&Aをめぐる三者三様の心理構造

	売り手側	仲介業者	買い手側
	「本当に売って良いのだろうか？」	**「やっとココまで来た！」**	**「買いたい」の一心**
基本合意書の締結			
	「早くオカネがほしい」	「もうスグ大金が入るぞ！」	「不安になってきた。大丈夫だろうか？」
株式譲渡契約書の締結			
	「さあ悠々自適だ」	**「やったあ！豪遊だ」**	**「こんなはずでは」**

【デューデリに対する気持ち】
仲介業者　早く済ませてください。時間がない。
売り手側　重箱の隅をつついてケチつけるな！
買い手側　心配だから調べさせて。

その❻ 形ばかりになっているデューデリの実態

M&A仲介業界は、法規制もなく粗悪な業者が乱立しているのも事実です。

仲介業者にしてみれば、譲渡契約は「最終契約」でありゴール。以後のフォローはもともと行いません。仲介業者にすれば売れればそれでいい。

筆者は、某M&A業者の役員から怖い話を聞きました。

「取引額が3億円以下の案件は、デューデリを省略する取引が増えてきている」

悪質なM&A業者はデューデリが実施されると手間がかかって遅くなるので、それを実施できないような日程をあえて組みます。

仲介業者にすれば「最終契約」はゴールかもしれないが、買い手側からすればスタートのはず。買い手側は買収後に次々と新事実（困った問題）への対応に追われます。

M&A経験のある人が、

「これでは目隠しして行うスイカ割りと同じだ」

と不満をぶちまけましたが、言い得て妙です。

M&Aはどれだけが成功し、失敗しているのでしょうか？　期待していた相乗効果を上げているのはごく一部だと言われています。それどころか譲渡後に大きな瑕疵が見つかり大モメにモメているのが現実です。

失敗の大きな要因は、デューデリでリスクを発見できなかったからです。

「こんなこと聞いていない」

「こんなはずではなかった」

「いったい何を考えているのか」

専門家は、惨状を目の当たりにすることも実に多いのです。

買い手側が買収費用に関して銀行融資を受ける場合、銀行が適正な譲渡価額かどうかを審査するためデューデリ報告書を求めてくる場合が多いので一応やっているものの、あくまで銀行向けということで簡単な内容で済ませるケースが少なくありません。

M&Aの現場ではデューデリを行ったとしても、3日間程度で済ませる例が多い。そんな短期間で何がわかるのでしょうか？

現在行われているデューデリは主として「最終契約（譲渡契約）」の譲渡価額に焦点をあてています。不動産、保険積立金、役員・従業員退職金、不良債権・在庫、収益性など、譲渡価額の適正性の確認が中心です。

しかし、M&Aには前述した通り「PMI」という言葉があるように、買収後の統合作業まで意識したデューデリを行うべきです。実際のデューデリは、このPMIに焦点があたっていないのが問題です。

ろくに行われていない労務デューデリ

買い手側は弁護士や公認会計士、税理士、社労士などの専門家にデューデリを依頼するはずですが、中小企業では弁護士や公認会計士との顧問契約がないところが多いし、社労士との顧問契約も少ないのが現実。そこで実際には税理士のみにデューデリを依頼するケースが多いようです。

しかし、労務デューデリは社労士の専門分野で、税理士は労務関係までカバーできません。なかには弁護士が法務デューデリの一環として労務もチェックするケースがあるようですが、労務に精通した弁護士ばかりではありません。

士業の専門家集団が十分なデューデリを実施できない理由の1つに、報酬の低さがあります。Ｍ＆Ａは仲介手数料が異様な高さであるため、デューデリに予算を充てられないのです。

この「デューデリを省きたがるＭ＆Ａの実態は／Ｍ＆Ａの一般的な流れと問題点」は筆者がインターネットで動画を使って解説しています。パスワードは不要です。

第 3 部

Mergers and Acquisitions

買収前の
労務デューデリジェンスの
行い方

その❶

労務デューデリをするべきタイミングと内容は

M&Aは、本来なら次のような流れで進むべきだと思います。

第1ステップ　匿名での情報開示
第2ステップ　秘密保持契約の締結
第3ステップ　詳細資料の開示
第4ステップ　トップ面談・会社訪問
第5ステップ　意向表明・基本合意
第6ステップ　デューデリの実施
第7ステップ　最終的な詳細条件の調整
第8ステップ　最終契約書の締結
第9ステップ　M&A成立

そして本来なら、社労士の関与は次のタイミングであるべきだと思います。

第1ステップ　匿名での情報開示
第2ステップ　秘密保持契約の締結
第3ステップ　詳細資料の開示
第4ステップ　トップ面談・会社訪問
第5ステップ　意向表明・基本合意
第6ステップ　デューデリの実施①
第7ステップ　最終的な詳細条件の調整
第8ステップ　最終契約書の締結
第9ステップ　M&A成立
第10ステップ　買収後の労務デューデリの実施②
第11ステップ　労務管理の見直し（とりあえずの対策）③
第12ステップ　労務管理の見直し（しっかり検討したうえでの対策）④

しかしながら最近のM&Aを見ていますと、「第6ステップ　専門家に頼む各種デューデリ」の実施を飛ばしていきなり「第8ステップ　最終契約書の締結」に進む例が多すぎます。労務に限らず税務面でも「事前のデューデリの実施」がまったく省かれていることが少なくありません。

M&Aで会社を買う側からすればもっと検討する時間がほしいところですが、実際はそうさせてくれません。良い売り物件に対しては、申し込みが殺到するからです。1社に対して数十社の買いが入ることもある世界なので、買うか買わないか即決しないと買いそびれてしまう。

M&Aの主導権を握っているのは社労士や税理士、弁護士などの各専門家ではなく、M&A仲介業者になっているのが現実です。

そこで現実に対応するため、筆者としてはM&Aの前に行う労務デューデリとして次の2つのレベルに分けて提案するのも仕方がないかと考えています。

> 3時間でできる「初級　社長が自分でする真似ごと労務デューデリ」
> 1日でできる「中級　専門家に頼むクイック労務デューデリ」

3時間でできる「初級　社長が自分でする真似ごと労務デューデリ」は、経営者が自ら行うもので、即決を迫られた際に結論を出すために行うもの。

1日でできる「中級　専門家に頼むクイック労務デューデリ」は、専門家に依頼するもの。

この初級と中級とを比べれば、もちろん後者の方が優れています。できるだけ中級をさせていただくように売り手にお願いしてください。それが無理だったら、その際はやむをえず「初級　社長が自分でする真似ごと労務デューデリ」で済ませることになります。

そして本書ではM&Aの事後に行うものとして

1週間でできる「上級　専門家に頼むしっかり労務デューデリ」

を紹介します。これはもちろん社労士に依頼して行うものです。すべての資料が揃った状態でヒアリングしながら会社の現状と課題を浮かびあがらせ問題点を整理します。

この1週間でできる「上級　専門家に頼むしっかり労務デューデリ」ができていれば、その後の労務管理の見直しも的を射たものになります。

また、買収後の労務管理の見直しには、2つのステップがあります。

第1ステップ　とりあえずの対策
第2ステップ　しっかり検討したうえでの対策

このステップの踏み方も本書では詳述します。

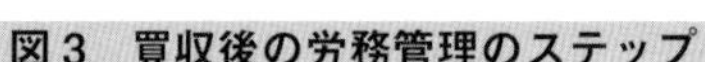
図3　買収後の労務管理のステップ

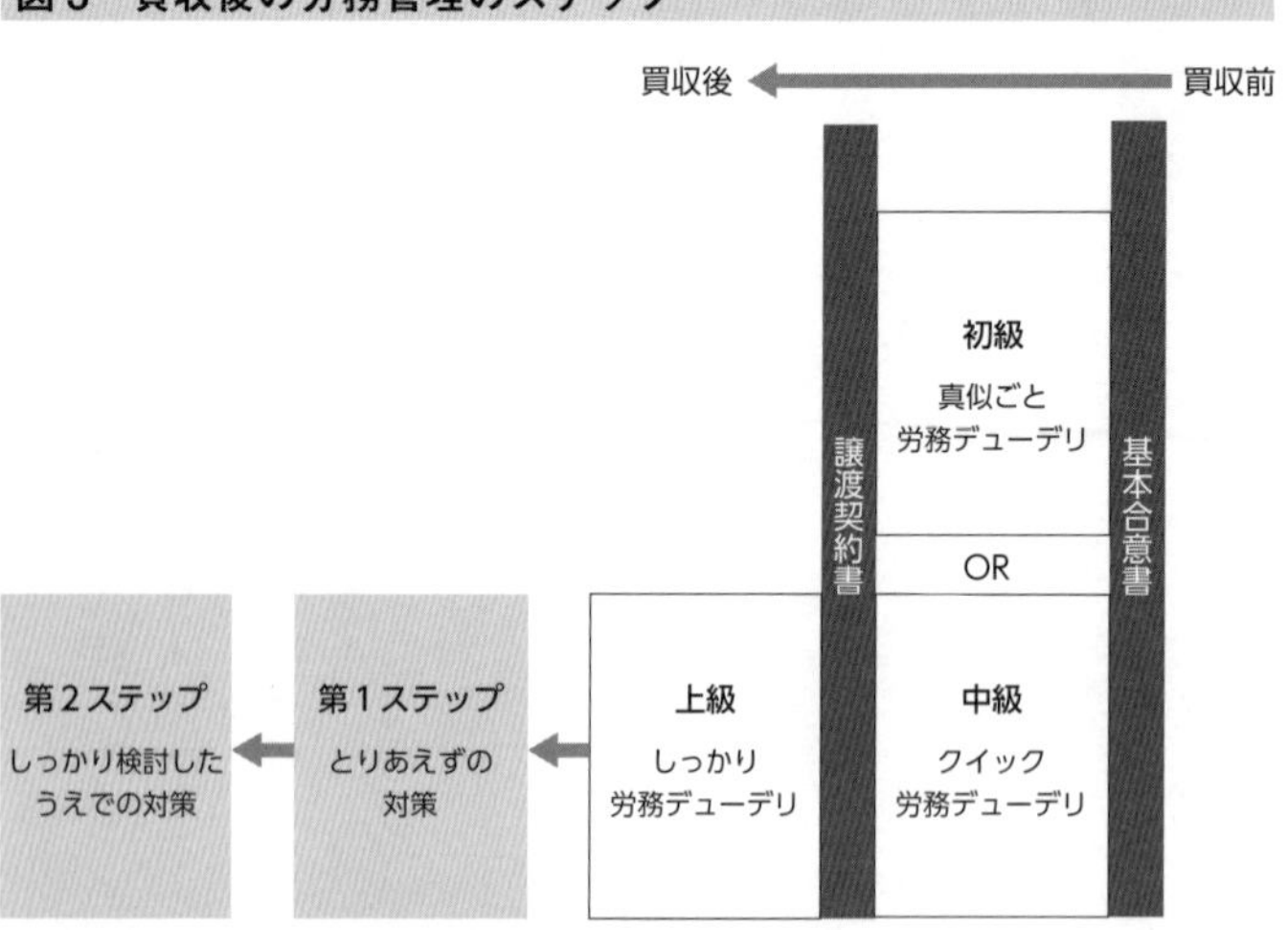

その❷

訪問する前に調べること

では「会社訪問」から説明します。トップ面談の後で、会社訪問に至る場合が多いようです。もしも筆者が会社を買う側だったら、訪問する前に調べられる限り調べていきます。幸いなことに現代はインターネットがあります。

イマドキのM&Aの目的は人材の確保です。人が集まる会社か、定着する会社かが問題です。それを見抜く方法を教えます。

チェックポイント　ホームページがあるか?

まず調べたいのは会社のホームページで、それがない会社は顔がないのと同じです。あったとしても更新がなされていなければイメージは低くなります。

ホームページの募集内容を応募者目線で見てください。応募者が集まると思いますか?笑顔の写真がありますか?　そもそも募集欄がないようでは〝先の知れた会社〟だと判断してもいい。

チェックポイント　「募集欄」は応募者が集まるような内容か？

次にチェックするのはハローワークなどに出している求人票。求人情報は民間のものもありますが、正確さはハローワークの方が上。

ハローワークインターネットサービスというサイトで求人票を検索してください。その会社の求人票が出てくるかもしれません。

チェックポイント　初任給や休日など募集条件は他社に見劣りしないか？

求人票を見ながらやってほしいのは同業他社との比較。「初任給」「年間休日数」を比較して、優劣をつけてください。それから「仕事の内容」なども魅力的に書かれているかチェックしてください。優秀な経営者は必ず他の優秀な会社を意識しています。なかには（こんな求人票に誰が応募するのか？）と思えるレベルのものもありますが、それは経営者が自分で求人票を見ていないからで、そんな会社はロクなところではありません。

例えば「基本給17万円　年間休日数95日」などの募集条件があるとするならば、そんな会社に若者が入社するわけがありません。

チェックポイント　役所から企業認証を受けているか？

役所が企業を認証してマークを与えますが、そのマークにも重要な意味があります。それは一定の審査を通って与えられたものなので信頼性があります。ただしマークにも上中下があります。筆者は社労士として各種申請を代行しているので、その難易度がわかります。一般的に厚労省など中央官庁がやっているものは難易度が高く、中小企業で取得するにはハードルが高い。都道府県や市町村レベルの企業認証は比較すればハードルが低いものが多い。どんな企業認証を受けているのかは会社を判断するうえで重要な点となります。

チェックポイント　過去の送検履歴は？

法令違反による「送検」の有無も気になります。労災事故や賃金未払いなどで労基署から書類送検されると、労働局のサイトにそれが載ります。「○県労働局　○株式会社　書類送検」と検索してください。書類送検された理由はいろいろ。死亡事故が起きますと確実に送検されます。賃金未払い事案では通常なら送検まで至らない場合が多いので、それがなされている場合は相当悪質だと判断されたと思います。

ちなみに「東京労働局　ブラック企業」と検索したら労働局の「労働基準関係法令違反に係る公表事案」が出てきて、社名、送検日が出てきました。送検理由はこんな内容です。

・労働者1名に、違法な時間外労働を行わせたもの
・クレーン作業においてワイヤロープを用いて1カ所に玉掛けをしているつり荷の下に労働者を立ち入らせたもの
・東京都最低賃金の適用を受ける労働者に対して、東京都最低賃金以上の賃金を支払わなかったもの
・虚偽の労働者死傷病報告を提出したもの
・約2週間の休業を要する労働災害が発生したのに、遅滞なく労働者死傷病報告を報告しなかったもの
・フォークリフトを用いて荷の運搬作業を行うにあたり、作業場所などに適応する作業計画を定めなかったもの

チェックポイント　転職サイトに困った書き込みはないか?

転職サイトへの書き込みも一応見ておきましょう。転職サイトは誰でも書き込めます。実際には社員ではなくても「社員」として書き込めます。信用度は低いのですが、「基本給が低くて上がらない」「時間外手当を払ってもらえない」「賞与がなかった」などと書かれていれば、不満に思っている社員がいるかも?

この「訪問する前に調べること」は筆者がインターネットで動画を使って解説しています。パスワードは不要です。

その❸

初回の訪問で聞きたいこと見たいこと

「会社を訪問する」際の注意点を申し上げます。

忘れずにやってほしいのはスマホの録音をONにすること。M&Aは訴訟に発展するケースがあるので、これが貴殿を守る秘訣です。

初回は、初対面ですから挨拶程度になるもの。突っ込んだ質問は控えながらも、どんな会社なのか見抜きたいものです。

そこで第一印象だけで会社を見抜く秘訣をまとめました。

そもそも良い会社と良くない会社はどこが違うのでしょうか？

筆者は〝雰囲気〟だと思います。良い雰囲気の会社は、清潔で明るいもの。逆に良くない会社の雰囲気は、不潔で暗いもの。そこで雰囲気を見抜く秘訣を申し上げます。

筆者は、実は若い頃に経済記者をしていました。12年間のうちに１０００社以上の会社を訪問してトップにインタビューして記事にしました。その後は35歳で退社して、社労士事務所を開業して今日に至っています。無数の会社を訪問した筆者流の会社の見抜き方を説明します。

◎第一印象で会社を見抜く秘訣

Q 傘立ては整理整頓されているか？
Q トイレは綺麗か？
Q 電話にすぐ出るか？
Q 社員は挨拶してくれるか？
Q 社員は高齢化していないか？
Q 社長はどんな車に乗っているか？
Q 社長の出社時間は？

Q 夫婦は円満そうか？

チェックポイント　傘立ては整理整頓されているか？

「一事が万事」という言葉があります。1つのことができていれば、後は推して知るべし。筆者が気にして見るのは、まず傘立て。傘立てなら建物の外からでもスグ見えます。例えば、こんな状態ならNG。

×誰のものかわからない傘などがあるので満杯になっている。

×壊れた傘が置いてある。

逆にこんな状態なら○。

○来客用と社員用が分かれている。

たかが傘立てですが、されど傘立て。

チェックポイント　トイレは綺麗か？

会社を見るうえで案外大事なのはトイレ。トイレが綺麗だと、すべてが立派な気がしますし、汚いとすべてが悪く見えるもの。例えば、こんな状態ならNG。

×そもそも掃除が不十分。汚いから、さらに汚す。

×スリッパがテキトーに置いてある。

×和式。

×男女兼用のトイレ（イマドキそれでは女性社員が集まらない）。


逆にこんな状態なら○。
○ピッカピカ（聞いてみたら掃除道の社長が自ら素手で磨いていた）。
○スリッパを置く位置が指定してある。

チェックポイント　電話にすぐ出るか？

電話は会社の命。電話応対の善し悪しは、会社のイメージを左右します。しかしこの電話応対も案外できていないもの。例えば、こんな状態ならNG。

×遅い。

×ぶっきらぼうな対応。

×面倒臭そうな対応。

×「社長さんはいつお帰りですか？」「わかりません」「じゃあ、またお電話します」というやりとり。

逆にこんな状態なら◯。

◯早い。ワンコール。

◯「お待たせしました」の一言がある。

◯感じの良い明るい応対。

◯折り返し電話をくれる。

チェックポイント　社員は挨拶してくれるか？

先方の社長に案内されて会社内を回らせていただけたら幸い。その際に見たいのは挨拶。私なら、あえて自分から挨拶せずに社員の反応を見たい。そして社員の方から挨拶してくださるようだったら◎。現経営者と社員との人間関係もそれとなく探りたい。もし社員が笑顔で現経営者に挨拶してくれるなら、良い関係がありそう。

チェックポイント　社員は高齢化していないか？

社員を見ていて、気になるのは年齢構成。高齢化して若手がいないようでは、その会社を高値で買うのは控えたい。

チェックポイント　社長はどんな車に乗っているか？

どんな車に乗るのかは趣味の問題と言われそうですが、そうではありません。経営者の場合は〝らしい車〟であることが必要。例えば爆音が出る高級輸入車に乗っている社長がいて、それも会社の駐車場に停めていたら筆者ならば信用しません。乗ってはダメだとは申しませんが、社員に見せるべきではない。

チェックポイント　社長の出社時間は？

初対面ですが、それとなく聞き出したいのは社長の出社時間。経営者ならば早く出社するのは当然であり、遅れてくるのは社業に身が入っていない証拠。昔から言われていることですが、午前8時までに出社する社長なら会社は潰れない。

チェックポイント　夫婦は円満そうか？

社長夫婦は円満そうか？　も重要な点。夫婦が不仲では、中小企業は発展しない。

この「初回の訪問で聞きたいこと見たいこと」は筆者がインターネットで動画を使って解説しています。パスワードは不要です。

次に紹介するのは、買収先の経営者の人格を見抜けなかったことによるM&Aの失敗です。相手を見抜く目が求められます。

こんなはずでは！事例❷（鹿児島県・建築会社）買収相手はカネを取りたいだけだった

私は、鹿児島県の建築会社を経営していて、同じ県下の同業他社を買収しました。買収先の社長は一流大学を出たインテリで、トップ面談では素晴らしい印象を受けました。その社長は買収後も残りたがったので、それは当方にとってもありがたいと思い希望を受け入れました。しかし、それがいけませんでした。

買ってわかったことは、余計なモノが社内にあること。別荘、レジャーボート、ランボルギーニなど、これを会社のカネで買ったのか？　と目を疑いました。とんだ遊び人だったのです。

それでいて、社員の待遇は最低。工事で使う車両は古くてエアコンもついていない。１人１台のパソコンもない。

そんなことだから、社員との人間関係もギクシャクしていました。

私が代表取締役に就任した直後に懇親会を開いたときのことです。車で駅までお迎えにきた社員が、いきなり車中で「辞めたい」と言い出したのです。辞められたら困るので引き留めに苦労しました。ほかにも買収早々に辞めたがる人が続出してガッカリしました。

その社長は、地元ではロータリークラブの役員まで務める名士であり、業界団体の理事長まで務めていました。

「業界団体主催の海外研修費用を出してほしい」

と言われましたが、断りました。勘違いも甚だしいと思います。

その社長はなおも公私混同を続けたので、私は思い切って解任しました。その社長は、辞める際には社員を引き抜こうとさえして悪意を感じました。今から思えば、会社の経営が火の車で、このままだと潰れるので会社を売ったのだとしか思えません。オカネさえ取れればそれで良かったのだと思います。

解任後は私が社長を兼務して、再建に向けて本気で取り組みました。工事車両も買い直しました。その結果、社内の空気は一変してついてきてくれる人が増えました。

買収額は1億円でしたが、なぜこんな小さな会社が1億円もするのか今では納得できません。

このM&Aは、ろくにデューデリもしませんでした。労務関係の状況なんてまったく知りませんでした。

M&A仲介業者も私にデューデリをしろとは言いませんでした。また、その暇も与えられなかった。勢いで買った私が未熟でした。今後は、しっかり調べたうえでM&Aを行います。

こんなはずでは！
事例❸（新潟県・フィットネスのジム）「売却後もオーナー気分の前社長」に任せて失敗

私は、新潟県のフィットネスのジムを運営するA社を買収しました。

買収にあたっては、仲介会社が紹介してくれた公認会計士にデューデリをお願いしたのですが、そのデューデリが甘かった。私が「ココどうなっているのですか？」と質問すると、

「そこまでケチをつけたら破談になりますよ」と言うので、突っ込みを入れることもできません。デューデリ費用は当社が出しているのに当社の立場に立ってくれないのです。

A社のオーナーだったB氏は、買収後も社長を続投したいという希望をお持ちでしたので、買収後も社長をお願いしました。役員報酬は月額65万円で、そのほかにインセンティブも出す契約をしました。任期は2年間。

買収して初めてわかったのですが、B氏は公私混同が酷くて、買収後に「こんなこと聞いていない」の連続。B氏は競艇が好きで、自分でもボートの運転免許を持っていて、参戦することもあるほどでした。そのせいで社内にはボートやボートを運ぶカート、ユニフォームなどがあり、アレもコレも会社のオカネで買ったものだと聞かされ唖然とするばかり。ボートを係留する費用が高いのには驚きました。

B氏は、いわゆる遊び人で、会社の現場も把握していませんでした。放漫経営だったのです。

A社は遠隔地なので、実態を把握するまでに時間がかかったのですが、B氏は他社も経営しているので出社していない日が少なくありません。そこでB氏にタイムカードを打つように言ったら、キッとした顔で睨んできて「私は社長だ」と拒絶してきました。B氏の頭のなかでは今でもオーナー社長なのです。

B氏の経営のもとでは、A社の経営が好転しないことは明らかでした。

そこで迷いましたが、思い切ってB氏に「退任してほしい」と告げました。するとB氏はカンカンに怒って「契約違反だ」と反論してきました。

話し合いの結果、任期の2年間は役員報酬を払うが、出社は不要ということで折り合いがつきました。

今から思いますと、買収時点で社長を辞めていただいた方がよかったと反省しています。

私は今後もM&Aを積極的に行おうと思いますが、仲介業者が紹介してきた専門家にはデューデリを頼んではいけないというのが学んだ教訓です。

こんなはずでは！事例❹（富山県・サービス業）会社を売ったことを隠したい前社長

私は、仲介業者の紹介で富山県のサービス業の会社を買収しました。

先方から「まだ数年経営をさせてほしい」ということだったので、その希望を受け入れました。ところが、それが大失敗。

その社長は取引先への情報開示を積極的にやろうとしませんでした。「業績不振だから会社を売ったと思われたくなかった」そうです。そのせいで顧客への挨拶もさせてもらえなかった。買収して1カ月も経っているのに取引先に挨拶もさせてもらえなかったのです。

その会社には社員が数十人いますが、社長が現場で職人の一員として働く状況で個人商店そのもの。組織も何もありません。営業会議は社長の独演会で、みなうつむいて下を見ているだけ。そんな状況なので若い社員の退職が相次いでいたのです。

その社長はいまだにオーナー気分で、社員を無断で採用して私には事後報告するだけ。おまけに高級外車を会社のオカネで新たに買ったのです。これには腹が立ち

私「いったい、どういうこと?」

社長「社長としては、このくらいの車に乗らないと信用に響く」

私「でも、もうあなたの会社ではない」

と言い争いに。呆れ果てて解任しました。

今から思えば、その会社は破綻の一歩手前だったのだと思います。それにもかかわらず多額の金額で会社を売却できてラッキーだったのでしょう。

私は、このM&Aに際してデューデリをまったく行いませんでした。財務面で資料を見せてもらっただけです。すべて仲介業者の言いなりでした。

M&Aの怖さがわかりました。これからは専門家に依頼してデューデリをしたうえでM&Aを実行したい。

その❹ デューデリを誰に依頼するかで大差が

大事なのは、デューデリを誰に依頼するのか？　です。中小企業のM&Aでは、デューデリを実施する際にまず相談する相手は税理士だと思います。中小企業のほぼ全社が税理士に委託しているからです。そのほかに頼むのは弁護士で、弁護士は法務デューデリを担当し、その一部として労務デューデリを実施する例が多いようです。

しかしながら弁護士が実施する法務デューデリは多岐にわたるので、労務デューデリまで十分できていない印象を筆者は持っています。そこに社労士を加える方が望ましい。

整理しますと、次のような得手不得手があると思います。

弁護士が行う労務デューデリとは「法的リスク」を見つけること

主に労働法規の遵守状況をチェックすると思います。また労組の存在や、労働トラブルの有無も調べるでしょう。もちろん未払い賃金の有無も問いただしますが、その際に電卓を叩く弁護士を見たことがないので、実際の賃金計算まで確認していないと思います。

社労士が行う労務デューデリとは労務管理上の「瑕疵」を見つけること

社労士が得意なのは賃金計算です。電卓を片手に賃金明細をつぶさにチェックします。また、社会保険料や労働保険料の納付が適正かどうかを確認するでしょう。役所の調査を受けるのは馴れているので、役所が行うのと同じ方法でできます。

賃金と社会保険料の未払いは二大リスクですから、そのチェックは必要不可欠です。

社労士が行う労務デューデリは、あくまでも瑕疵を見つけるのが目的です。ですから重箱の隅をつついたようにあら探しをした内容になります。

「企業は人なり」と言います。

ヒト・モノ・カネという財産のなかで最も重要なのは「人」のはずですが、いま日本で行われているM&Aの現場では、その「人」がなおざりにされ、もっと言えば無視されています。

M&A仲介業者は決算書などの財務資料をつぶさに見ようとしますが、決算書をいくら見ても「ヒト」は見えてきません。決算書に載らない情報こそ重要なのに。

では企業の人的資本はどうやって見抜くのでしょうか？　筆者に言わせれば、答えは「賃金明細」となります。

賃金を見れば、どんな人を雇用しているのか？　将来性がありそうか？　あえて説明を受けなくてもわかるからです。イマドキのM&Aの大きな目的は人材の確保のはずです。そこで筆者は「賃金デューデリ」という新しい概念を提案します。

「賃金デューデリ」とは「賃金」を通じて「人材の有無（レベル）」を確認すること

社労士のなかには、賃金改定案を作ることを専門的に行う賃金コンサルタントもいます。彼らに賃金デューデリを依頼すると、その会社の〝マンパワー〟まで見抜くと思います。そこがツボだからです。

賃金コンサルタントは、賃金明細を毎日のように見ているので、年齢、勤務年数、職位、職種、学歴、資格などを見れば、どんな人材なのかおおよその見当がつくからです。

M&Aの大きな目的は人材の確保です。

その❺

買収後の相乗効果まで視野に入れた「賃金デューデリ」を

何度も申しますが、M&Aには「PMI」という言葉があり、それは買収後の統合作業のことです。デューデリはこのPMIまで視野に入れる必要があります。そのPMIの中心は、ヒトであり、つまり賃金です。買った後に会社をどう伸ばすか？　というところまで視野に入れた賃金デューデリが必要になります。

これは従来行われている労務デューデリとは次のように根本的に意図が異なっています。

労務デューデリの意図は「瑕疵」を見つけること

↓

買収価額を〝適正〟に引き下げるため

×

賃金デューデリの意図は「マンパワーのレベル」を確認すること

↓

買収後に〝人材を活用〟し、企業価値を引き上げるため

賃金コンサルを行う社労士は、労働法規の遵守のほかに次のような視点から「賃金制度」をチェックします。

Q 年齢別の人員構成は？　高齢化していないか？

Q 定着率は？

Q 年収の水準は、同地域・同規模・同業種と比べてどうか？

Q 時間外手当を含めた賃金総額は、同地域・同規模・同業種と比べてどうか？

Q 所定内賃金は、同地域・同規模・同業種と比べてどうか？

Q 基本給は、同地域・同規模・同業種と比べてどうか？

Q 初任給は競争力があるか？

Q 賃上げ額は相場に引けを取らないか？

Q ５年後の人員構成は？　どんな人を、いくらで採用するべきか？

Q 辞められたら困るキーマンがいるか？　何歳か？　年収は？

本書では、ＰＭＩにつながる「賃金デューデリ」の行い方を詳述します。

失敗事例

重箱の隅をつついた質問で売り手側を怒らせてしまって破談に

デューデリはやればいいというものではありません。それがきっかけで破談になることもあります。

これは実際に筆者がこの目で見た失敗事例です。

Ａ社はＢ社を買収する方針で、基本合意書を締結して独占交渉権を得ました。そこからデューデリを実施し、特に問題がなければ株式譲渡契約書の締結に進みます。

Ａ社の社長の心理は、基本合意書を交わしてから変化しました。それまでは「買いたい」の一心でしたが、それが逆に「大丈夫だろうか?」「後悔しないだろうか?」「後からゾンビが出てきて、こんなはずではなかった」とならないだろうか? という不安にかられ始めたのです。

投資額は数億円。これが失敗したら屋台骨が揺らぎます。考え始めたら、もう夜もおちおち寝られません。

そこで売り手側企業の問題を把握するためにデューデリをしっかり実施することにしました。依頼したのは東京の有名な士業で、公認会計士、税理士、弁護士、社労士らです。

社労士については、Ｃ先生に依頼しました。

Ｃ社労士は『Ｍ＆Ａの労務監査はこうして行う』という著書も出しており、その分野での実績がありそうでした。そのホームページではＩＰＯ（株式公開）に必要なデューデリを実施したという実績を載せて、「Ｍ＆Ａをご検討の企業様向けに、売り手企業の隠れ債務、法令違反等のリスクを洗い出し、買い取り価格に反映していきます」と書いていました。

Ａ社の社長は（この方なら安心だろう）と感じて依頼しました。

Ｃ社労士は、Ｂ社を訪問して、その社長に労務デューデリの実施を説明しました。そのパンフレットには次のように記されていました。

M&Aの労務デューデリジェンスの進め方は、以下のステップで行っていきます。
STEP①　労務管理状況の現状把握（法定帳簿、法定書類の確認、就業規則、諸規定等確認、労働安全衛生法関係の書類確認、労使協定、労働契約書等書式の確認）
STEP②　運用実態の確認（労働時間、休日、休暇などの管理実態確認、諸規定と運用実態確認、雇用形態と就業実態の適法性、社会保険制度への加入状況、人事制度の概要、運用状況）
STEP③　問題点・課題点整理
STEP④　労務デューデリ作成
STEP⑤　問題解決・改善策の実行

ビックリしたのはB社の社長でした。B社は社員20人の中小企業で、労務管理は妻が担当していただけです。顧問社労士もいません。このM&Aは社内の誰にも話していない極秘事項で相談もできません。

（こんな調査を行うのか？）

（質問されても答えられない）

と大いに困惑しました。

そしてC社労士は「リスクチェック項目」として、次のような資料を求めてきました。ここに、そのほんの一部を載せます。

36協定など労使協定（労働組合がある場合は労働協約）
労使協定、労働協約の遵守状況
労働保険、社会保険の適用状況
算定方法の正確性
労働時間制度の実施状況（変形労働時間制や裁量労働時間制など）
時間外労働の実態（勤怠システムの運用、サービス残業の有無など労基法に照らして適切に処理されているか）
振替休日や代休の実施状況
年次有給休暇の取得状況、その他休暇の取得状況
産休、育児介護休業制度の整備、実施状況
管理監督者の区分。管理監督者の区分の適正（名ばかり管理職など）
人事制度・賃金制度・退職金制度

人事制度の内容と実施状況、評価基準
人事考課の実施状況など
職能資格等級制度の概要
昇給および賞与の査定で使っている職能要件書（職種別に）
賃金計算の整備状況
人事考課と賃金との関連

慌てたのはB社の社長です。

（いったい誰が資料を揃えるのか？）

と目をパチクリ。そんなB社の社長に対して、C社労士は、

「1週間ほどでご用意をお願いします」

と声を掛けて帰っていきました。

そこからが大変でした。社長は呑みに行くのも中止して、資料作りに励みました。しかし、すぐ限界を感じました。

（なんだって！　職能資格等級制度、職能要件書だって？　そんなもの意味もわからない）

と、だんだんとイラだってきたのです。

そして資料提供の締め切り日になって、仲介業者に電話しました。
B社社長「おい、申し訳ないが、M&Aは中止する」
仲介業者「エッ、どういうことですか?」
B社社長「A社がうちに送り込んできた社労士が、あれ出せ、これ出せととんでもない資料を要求してきた。こんなの提出できっこない」
仲介業者「どんな資料を求めてきたのですか?」
B社社長「口では説明できない。中小企業ではありっこない書類ばかりだ」
仲介業者「確認して、またご連絡します」
B社社長「どうせケチをつけて値下げさせる目的だろ」
仲介業者「そんなことはありません。適正価格を出すように努めています」
B社社長「もういい、あんたに頼むのは中止だ」
こんな次第で社長は激怒。せっかくの案件が流れた仲介業者はしょげ返りました。

その❻ プロが実施するデューデリは質問項目を絞り込むもの

紹介した失敗事例は、案外多いもの。なぜそうなるのでしょうか？それは「完璧なデューデリ報告書」を目指しているからです。専門家は自分の信用に響きますから、漏れがない監査を志向するのは当然です。

しかしながらM&Aの労務デューデリは、そうであってはいけないと思います。なぜなら時間がないからです。わずかな時間のなかで、問題点の急所をつかみ取ることが必要だからです。

労務デューデリは、買収前に実施するものと、買収後に実施するものとがあります。買収前に行うものは資料も不十分だし、そもそもまだ買ってもいないので、どこまで教えてもらえるのかがわかりません。

そこで筆者は、質問項目を絞り込むことで労務デューデリを短時間で実施するようにお勧めしています。

「社長が自分でする真似ごとデューデリ」は、調査項目を①未払い賃金の有無、②社会保険料の滞納の有無、③キーマンの有無、という3つに絞ります。その「①未払い賃金の有無」に関しては「労働時間の把握方法」および「時間外手当の計算式」に限定します。ですから細かいことは尋ねません。例えば「時間外手当は1分単位で計算しているか？」などというのは質問しません。会社経営に直結するような大きな問題や急所に絞れば、ヒアリングは3時間で完了できます。

ヒアリング時間は、例えば「3時間以内」とするなど、あらかじめ伝えたうえで行って厳守します。

「中級　専門家に頼むクイック労務デューデリ」は、人材の有無を確認するのが狙いです。賃金を見れば、どの程度の人材なのか予想がつくからで

図4　デューデリのレベル

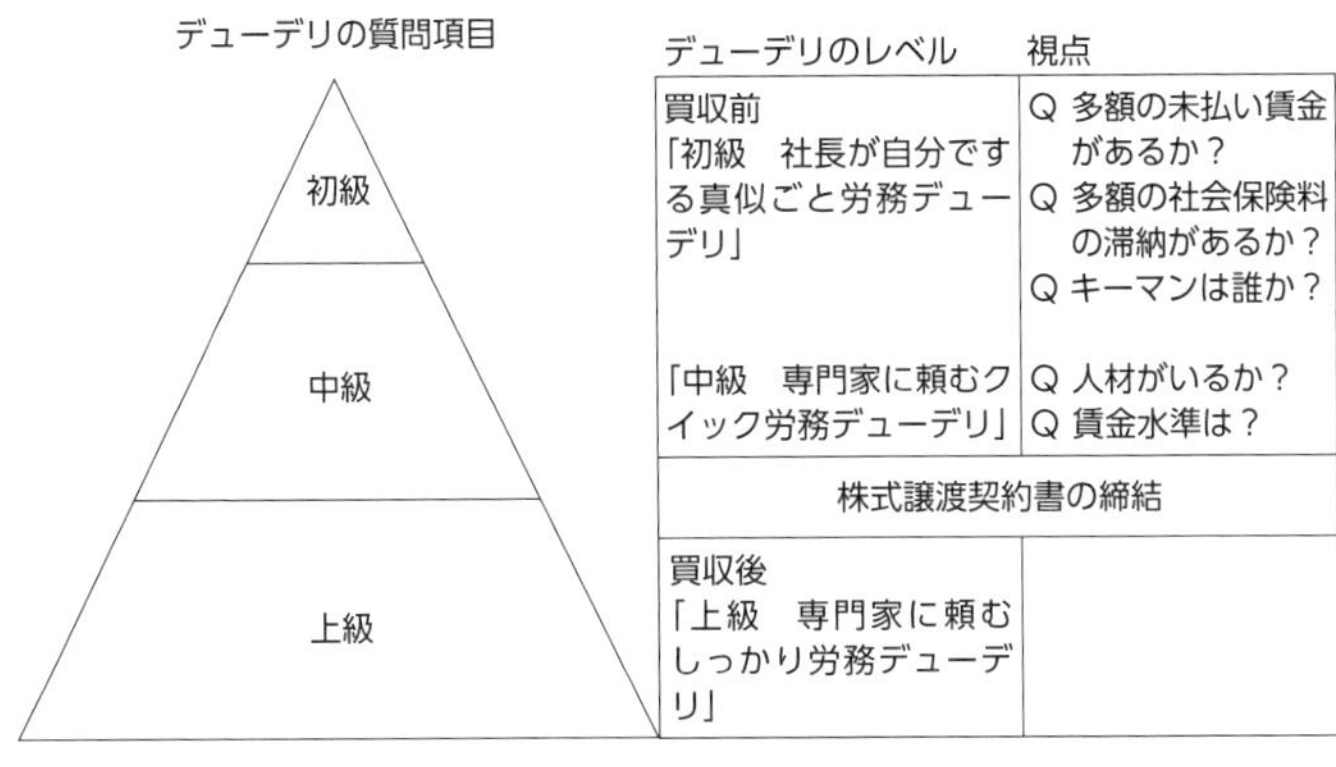

す。そのために必要なのは、社員別のデータ（生年月日・入社年月日・性別・役職・学歴・職種・主な資格）および賃金明細（人名なし）、就業規則です。重要な点に絞ってヒアリングするので、1日もあれば完了です。

「上級　専門家に頼む　しっかり労務デューデリ」は買収後に実施するものです。これは買収後ですから、時間をかけながら行います。大きな経営リスクがあるのかは事前に察知していますから、出てくるのは比較的小さな問題です。

その7

3時間でできる「初級　社長が自分でする真似ごと労務デューデリ」の行い方

M&Aで会社を買うのは、大きなリスクを伴います。その後の経営に全責任を負うわけですから事前にデューデリをするのは当たり前。そこで売り手には次のようにお願いしてみてください。

「弊社は各分野で専門家に顧問をお願いしていますので、その診断を受けていただけませんか？　なかには込み入った質問もあるので、貴社の担当部長と弊社の顧問社労士との間でやりとりさせてください」

ここで相手の社長が難色を示したら、信用しにくい人物だと判断していいでしょう。

そして、ここで仲介業者がデューデリに反対するようでしたら、その仲介業者も信用に値しない。

後述するような「中級　専門家に頼むクイック労務デューデリ」を実施したいところですが、それが関係者に許容されなかった場合どうするか？　という問題があります。それでも買いたいならば、ごく手短に労務デューデリらしきものをするほかありません。そこで、やむをえない場合に行う代替案として、３時間でできる「初級　社長が自分でする真似ごと労務デューデリ」についても説明します。

３時間でできる「初級　社長が自分でする真似ごと労務デューデリ」は、短い時間内に何を相手に尋ねるか？　が問題。売り手との信頼関係はまだありませんから、相手もどこまで情報開示してくれるかわかりません。

企業概要書において次の事項はもともと載っています。

Q 正社員とパートタイマーは何人か？
Q 平均年齢は何歳ぐらいか？
Q 平均勤務年数は何年ぐらいか？　5年以内の人は何％か？

「Q平均年齢は何歳ぐらいか？」は重要事項。最近は平均年齢40歳前後が普通だと思いますが、高齢化が著しいので45歳以上になっているケースも少なくありません。しかし、それでは先が思いやられます。

「Q平均勤務年数は何年ぐらいか？　5年以内の人は何％か？」は定着率を確かめるものですが、入社5年以内が5割を超えるようでは急成長して人数が急増している場合を除いて定着率に問題ありと見ていい。定着率が悪いのは、職場環境に問題があるので、それを是正するには多額のコストが必要。低い賃金水準や時間外手当の未払いを是正するのは大変で、それを直すと経常利益が激減しかねません。

筆者なら、さらにこんな質問をしたい。

チェックポイント　時間外手当の計算方法は？

確認事項①賃金の計算方法

Q タイムカードや出勤簿など、労働時間のわかるものを見せていただけませんか？

Q 時間外手当の計算方法を教えていただけませんか？

3時間でできる「初級　社長が自分でする真似ごと労務デューデリ」の最重要な質問はココ。ここさえ見れば、会社の労務管理のレベルは一目瞭然となります。

例えば、こんなものがあったとします。

> ×論外の事例　手書きの出勤簿で「出」とか「欠」とか「有」というハンコが押してあるだけ。

これでは未払い賃金があったかどうか判断のしようがない。こんな労働時間の把握方法はイマドキ法令的にも認められません。

× 悪い事例　タイムカードなどの客観的方法で出勤状況を把握できない。
× 悪い事例　時間外手当の計算基礎は小さな基本給のみになっていた。

割増賃金の基礎となる賃金は、法令で決まっています。除外できるのは①家族手当、②通勤手当、③別居手当、④子女教育手当、⑤住宅手当、⑥臨時に支払われた賃金、⑦1カ月を超える期間ごとに支払われる賃金です。限定的に列挙されているので、このほかはすべて算入しなければなりません。

もしも基本給を低く抑えて、それだけを基礎にして時間外手当を計算しているとすれば未払い賃金がありえます。時間外手当の計算を適法に行ったら利益が減るわけですから、ここだけは確認する必要があります。

時間外手当をまともに払っていない会社など買うべきではありません。言ってみれば一事が万事で、他は推して知るべし。

チェックポイント　社会保険料の納付

未払い賃金とともに大きな問題になるのは社会保険料です。ここはやや専門的になるので、社労士や労務担当者でなければチェックできないと思います。その方法はこんな感じです。

確認事項②社会保険料の納付

Q パートタイマーを社会保険に加入させているか？

Q 賞与を支給する際に賞与支払い届を提出しているか？　賞与を毎月の賃金のなかに含めて保険料を免れていないか？

Q 社労士が保険料を申告しているか？（それならまず大丈夫です）

3つめの重要項目はキーマンです。

確認事項③キーマンの存在

Q キーマンはいるか？　そのキーマンがいなくなると事業継続が困難な仕事か？

チェックポイント　キーマンは？

「キーマンはいるのか？　そのキーマンがいなくなると事業継続が困難な仕事か？」という問い掛けは、核心を突く質問。職種によってはキーマンがいなくなると仕事ができない。例えば「この人にしかできない技術」や「この人の人脈で来ている仕事」などです。

以上の3点、つまり未払い賃金、社会保険料の納付、キーマンの有無を確認してください。

これに比較すれば他の事項は小さなことです。

それから1つ加えるとすれば、労務問題の有無も重要です。

Q 労務面で困ったことはあるのか？

いろいろな問題が考えられますが、例えば、

「何でも文句を言ってくるクレーマーのような問題社員がいて、対応に困っている」

「労災事故で休業が続いている人がいる」

などということは珍しくありません。


以上が3時間でできる「初級　社長が自分でする真似ごと労務デューデリ」の内容です。

口頭で質問する自信がなければ、次の紙を相手に渡してください。

確認事項①賃金の計算方法

Q 労働時間の把握方法は？　①タイムカード　②出勤簿　③勤怠システム　④その他

Q 時間外手当の計算方法は？　①タイムカード通り　②時間外指示書（許可書）による　③その他

Q 基本給のほかにある手当は？

Q 時間外手当の計算基礎に入っていない手当は？

Q 年間休日数は？

Q 1日の勤務時間は？

確認事項②社会保険料の納付

Q パートタイマーを社会保険に加入させているか？

Q 賞与を支給する際に賞与支払い届を提出しているか？　賞与を毎月の賃金のなかに含めて保険料を免れていないか？

Q 社労士が保険料を申告しているか？

確認事項③キーマンの存在

Q キーマンはいるか？　そのキーマンがいないと事業継続が困難な仕事か？

その他の確認事項④

Q　労務面で困ったことはあるのか？

回答は書面でもらうようにしてください。

これだけの情報があれば、それで大きな瑕疵の有無は判断できるはずです。本当はもっと尋ねたいところですが、買うと決まったわけでもないので、ほどほどにしないといけないでしょう。「できましたら教えてください」などと言いながらヒアリングするので聞き出せなかったこと、未確認なことが残るのは仕方がないでしょう。

この「初級　社長が自分でする真似ごと労務デューデリの行い方」は、筆者がインターネットで動画を使って解説しています。

ご試聴にはパスワードが必要です。パスワードは「iA7PX」。

また、ここで弁護士による法律論を紹介しましょう。

「将来に向けての未払い賃金」を売り主に負担してもらえるか？

北見　「時間外手当の計算式が違法だった場合、それを適法に直せば以後の時間外手当の単価が増えます。時間外手当を適正に払うことにより『今後増える時間外手当』に関して売り主に責任があったとして賠償を求めることができますか？　買収金額を決める際に『自己資本＋利益の向こう数年分』という算定方式が使われていたという前提です。買収後の利益が減る分だけ返金してもらいたいのが買い手側の気持ちです」

弁護士「『今後増える時間外手当』は、適法に残業時間を計算すれば当然に発生する費用です。したがってデューデリ実施の有無にかかわらず、これを買主の損害とみることはできないため売り主に責任追及していくことは難しいと考えます。

　デューデリは、買主がリスクヘッジするために行うものです。デューデリを実施しなかったため、予期せぬ問題が発生した場合、損害賠償（損失補償）の規定で対応できればよいのですが、それでは対応できない問題は、買主側が負担せざるを得ません。そうならないようにするのがデューデリと考えます」

こんなはずでは！
事例❺（静岡県・訪問看護会社）
弁護士が社会保険の未加入を見落とす

私は、静岡県の訪問看護の会社を買収しました。

賃金明細は買収後に初めて見ましたが、驚いたのは社会保険に未加入の人が大量にいたこと。

訪問看護会社は、個人営業だったせいか、本来、社会保険に加入しないといけない人たちをまったく加入させていなかったのです。そのせいで買収後に社会保険料がかなり上がりました。

また、買収した会社は年次有給休暇もまったく付与していない状況でした。過去に遡って一から付与することになりましたので大きな負担です。

労務管理を担当していたのは、前社長の奥さんでした。私は、奥さんに尋ねました。

私　「年休はなぜ付与していなかったのですか？」

奥さん「だって、うちみたいな中小企業では年休なんて与えたら潰れますよ」

私　「でも、従業員から文句を言われませんでしたか？」

奥さん「はい、文句を言われたこともありましたが、『うちでは付与できない』と返事をしました」
私「それでどうなりましたか？」
奥さん「一度大もめにもめました。勤務姿勢が悪いので解雇したパートタイマーが地元の労組に駆け込んで、団体交渉にまでなりました」
私「そんなことがあったのですか？　それでどうなりましたか？」
奥さん「300万円を払って和解しました」
私「それで終わったのですか？」
奥さん「労基法違反で労基署に告訴されました」
私「エッ！」
奥さん「書類送検されて新聞に出ました」
私「でも、弁護士が書いてくれたデューデリにはそんなこと書かれていなかった」
奥さん「この事件は6年前のことだから、報告していませんでした。弁護士は『最近、労務問題がありましたか？』と尋ねてきたので、私は『ありません』と答えました」
私は、奥さんの話を聞いていて呆れるばかり。

訪問看護業ならば労務管理は重要なのに社労士さえ頼んでいなかったのです。

私はこの買収時に知り合いの弁護士に法務デューデリを依頼したのですが、社会保険のことはすっぽり漏れていて、報告内容に書かれていませんでした。年休のことも、労使トラブルのことも。弁護士は労務の実務に精通している人ばかりではないと感じました。

これらの瑕疵は、買収後に顧問社労士がチェックして発覚しました。

こんなはずでは！
事例❻（愛知県・自動車部品製造会社）社会保険料が未納だった

私は、愛知県で自動車部品製造業を経営していますが、同業他社が売りに出たので買収しました。

私はM&Aを実施する際に仲介会社から専門家を紹介されて、デューデリの見積もりをもらいましたが、そこには会計、税務、労務などそれぞれ項目ごとに金額が載っていました。

労務関係は「労働法規の遵守チェック関連で30万円」「社会保険料および労働保険料の納付チェック関連で30万円」となっていました。社会保険料および労働保険料の未納を正確に把握するには過去数年間の賃金明細、タイムカード、雇入通知書を照らし合わすので相当な作業が発生するとのこと。

売り手側は「労務に関しては問題ない」と言っていたので、私はそれを鵜呑みにして残業代未払いに対してのみデューデリを社労士に依頼しました。

ところが買収後、対象会社での社会保険の不適切な加入が発覚したのです。従業員が賃金の額より大幅に少ない標準報酬月額で社会保険に加入していました。実際の賃金は25万円なのに、10万円の賃金で申告していたのです。これでは将来の年金まで減ってしまいます。

買収額が3億円以上もしたのだから、デューデリの費用もそれに比べれば知れていた、それなのにケチったせいで失敗しました。

この会社では、社労士が顧問になっていませんでした。

これらの瑕疵は、買収後に顧問社労士がチェックして発覚しました。

この「こんなはずでは！　弁護士が社会保険の未加入を見落とす」は筆者がインターネットで動画を使って解説しています。

パスワードは不要です。

その❽ 1日でできる「中級　専門家に頼むクイック労務デューデリ」の行い方

1日でできる「中級　専門家に頼むクイック労務デューデリ」で質問したい項目は次の内容です。

Q「生年月日・入社年月日・性別・役職・学歴・職種・主な資格」（氏名のない状態）に関するデータを教えていただけますか？

Q 社員数は？　パートの人数は？

Q 雇入通知書を交付しているか？

Q 雇用契約の更新がなされずに実質的に無期雇用になっているパートがいるか？

Q 平均勤続年数は？　入社5年以内の人の割合は？

Q 平均年齢は？

Q キーマンがいないと継続が困難な仕事は？

Q 労務問題はないか？

Q 労組はあるか？

Q 事業所の数は？　うち従業員10人以上の数は？

Q 36時間外協定は何カ所で出しているか？

Q 就業規則は何カ所で出しているか？

Q 就業規則の直近の変更届はいつだったか？

Q 過去3年以内に労基署から指導を受けたり問題点を指摘されていないか？

Q 労務管理は誰が担当しているか？

Q 社労士に顧問を依頼しているか？

特に「社労士に顧問を依頼しているか？」は、確認したい項目です。専門家がついていて就業規則を整備しているなら安心感があります。その社労士の名前を尋ねてホームページを確認してください。きちんとした事務所ならば、さらに安心感も増します。

チェックポイント　社員の賃金水準はどうか？

◎北見式の賃金診断

筆者は賃金コンサルタントとして、賃金管理に特化した仕事をしています。そのため賃金デューデリに関しても独特なノウハウを持つと自負しています。そこで北見式デューデリなるものを披露します。

筆者は中小企業の賃金を毎年調査して「ズバリ！　実在賃金」（商標登録済）という統計を作っています。社労士のネットワークがあるので、そのおかげで首都圏では毎年1万人、関西圏では毎年数千人を超える賃金データを調査分析しています。地元の愛知・岐阜・三重では1万人をはるかに超えるサンプル数があります。

また地域補正する手法も編み出したので、北海道から沖縄県に至るまで47都道府県を対象にした賃金診断が可能になりました。

ちなみに1つの見本をお見せしましょう。図5は北海道版「ズバリ！　実在賃金」。本書ではモノクロなのが残念ですが、実際はカラーです。

掲載したグラフは「年収」ですが、それだけでなく「賃金総額」「所定内賃金」「基本給」など各種揃っています。また業種も「製造業」「卸売業」などと各種揃っています。

図5　ズバリ！　実在賃金

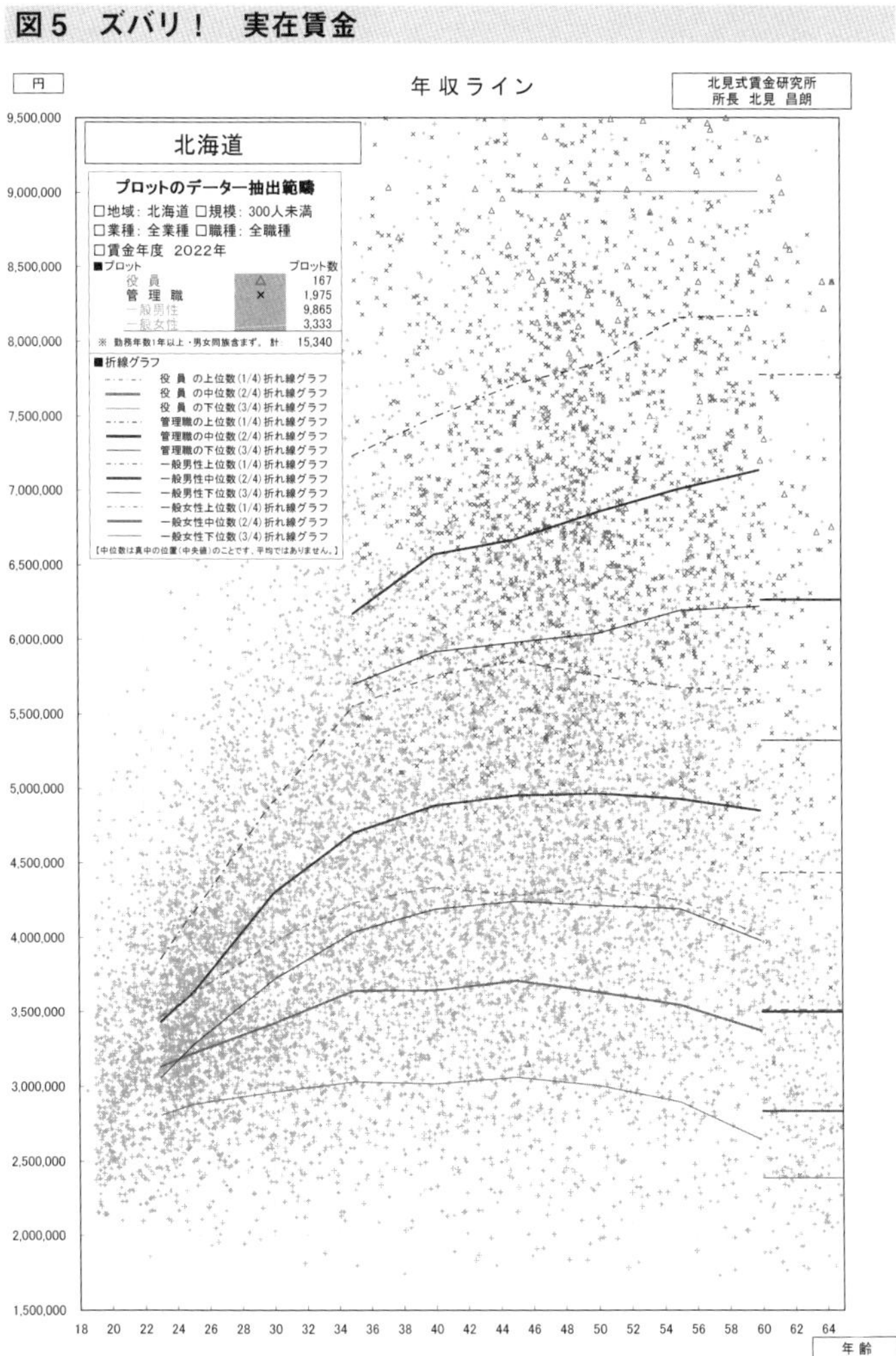
円
年収ライン
北見式賃金研究所
所長 北見 昌朗
北海道
プロットのデーター抽出範疇
□地域: 北海道 □規模: 300人未満
□業種: 全業種 □職種: 全職種
□賃金年度 2022年
■プロット
プロット数
役 員 △ 167
管 理 職 × 1,975
一般男性 9,865
一般女性 3,333
※ 勤務年数1年以上・男女同族含まず。 計 15,340
■折線グラフ
役 員 の上位数(1/4)折れ線グラフ
役 員 の中位数(2/4)折れ線グラフ
役 員 の下位数(3/4)折れ線グラフ
管理職の上位数(1/4)折れ線グラフ
管理職の中位数(2/4)折れ線グラフ
管理職の下位数(3/4)折れ線グラフ
一般男性上位数(1/4)折れ線グラフ
一般男性中位数(2/4)折れ線グラフ
一般男性下位数(3/4)折れ線グラフ
一般女性上位数(1/4)折れ線グラフ
一般女性中位数(2/4)折れ線グラフ
一般女性下位数(3/4)折れ線グラフ
【中位数は真中の位置(中央値)のことです、平均ではありません。】
9,500,000
9,000,000
8,500,000
8,000,000
7,500,000
7,000,000
6,500,000
6,000,000
5,500,000
5,000,000
4,500,000
4,000,000
3,500,000
3,000,000
2,500,000
2,000,000
1,500,000
18 20 22 24 26 28 30 32 34 36 38 40 42 44 46 48 50 52 54 56 58 60 62 64
年齢

このような生の賃金調査は、他ではまず行っていません。

「ズバリ！　実在賃金」を活用すれば、例えばこんな診断結果が得られます。プロットグラフになっているので、どんなレベルの人材なのか手に取るように想像できます。まさに一目瞭然です。

このように北見式デューデリによる総合評価の点数が載っています。M&A価額を決める際には、この総合評価が参考になるはずです。

> 北見式賃金デューデリによる総合評価「マンパワーのレベルは『80点』」
>
> 北海道の建築業の会社に対して、
>
> ・建築士や建築施工管理技士が何人もいるので、そのマンパワーには価値がある
> ・平均年齢は45歳と高い
> ・5年以上勤務の人が大半であり定着率が高い
> ・年収は北海道の建築業としては高い方に属する
> ・賃金総額は時間外手当が多いので高い方に位置する。時間外手当は月間50時間を超過

していので、過重労働の問題あり
・所定内賃金は高い。有資格者に対する資格手当が大きい
・家族手当の額は、配偶者2万円、子供1万円となっており相場より高い
・大卒初任給は相場並み
・基本給は相場より1万円以上高い

北見式賃金デューデリによる総合評価「マンパワーのレベルは『60点』」

岩手県の卸売業の会社に対して、
・年収は岩手県の卸売業としては低い方に属する
・賃金総額は下位に位置している
・営業手当が全員2万円になっていて、それが固定時間外手当になっている。サービス残業の可能性あり
・所定内賃金は全般的に低いが、時々相場を上回る人がいる。その理由は家族手当が大きいからである
・基本給は岩手県の世間並み

北見式賃金デューデリによる総合評価「マンパワーのレベルは『30点』」

徳島県の老人介護会社に対して、

・勤務年数が平均1年しかない。定着率に問題あり
・年収は介護業界の相場と比べても低い。その理由は賞与が低いから
・所定内賃金はいろいろな手当があって合計すれば介護業界の世間相場並み
・基本給は低い。昇給もほとんどない様子

北見式賃金デューデリによる総合評価「マンパワーのレベルは『80点』」

鹿児島県の製造業の会社に対して、

・年収は鹿児島県の製造業としては高い方に属する
・賃金総額は時間外手当が多いので高い方に位置する。時間外手当は月間45時間を大幅に超過しているので、過重労働の問題あり
・所定内賃金は低い。20代および30代は1万円以上相場を下回っている。大卒初任給は相場を1万円下回っている

・基本給は相場を大幅に下回っている。皆勤手当が1万5000円と大きいので、その分だけ基本給が低くなっている

いかがでしょうか？　リアルな診断だと感じられますよね？　このような賃金診断は全国47都道府県に対して提供できます。

オンラインで全国に対応可能で、賃金診断のみならば無料で対応しています。詳しくは筆者のサイトをご覧ください。パスワードは「eX5t9」。

賃金制度のほかでは、次のところが重要です。

チェックポイント　社員は定着しているか？　高齢化していないか？

M&Aの大きな目的は人材の確保だと思います。求人難が深刻化する一方なので、なおさらです。

筆者なら、まず人員構成図を作成します。それは見本（図6）にあるように下は18歳、上

は64歳までの年齢が入っていて、左は男性、右は女性とします。

そこに「役職　年収」を書き込みます。課長以上の幹部は例えば青色にするとわかりやすい。勤務年数が5年以内の人はスミアミにします。

これを作ると、どんな問題があるかが一目瞭然。例えば、
・若手が入ってきているか？
・高齢化していないか？
・定着率はどうか？
平均年齢はイマドキなら40歳ぐらいの会社は多いが、45歳では黄色いランプ、ましてや50歳ぐらいになってしまうと先行きは赤色ランプが点滅します。

勤務年数は、定着率を示すので重要。若

図6　現在の人員構成図

男性		氏名	年収（単位：万円）	年齢	女性	
		A	600	60-64		
C　★	650	B	550	55-59	I	400
H	450	D	450	50-54		
		E	480	45-49		
		F	400	40-44		
				35-39		
		G	400	30-34		
				25-29	J	300
				20-24		
				18-19		

人数　10人
平均年齢　49歳

年間人件費　4680万円
（注1）勤務年数5年以内はスミアミ
（注2）「★」はキーマンの印

手の勤務年数が短いのは当たり前ですが、30歳以上で勤務年数が5年以内の人が多いのは定着率が低い証拠。

筆者の経験では、全社員のなかで勤務年数5年以内の人が5割を超えたら赤ランプ点滅。

ここに1つの事例としてA社を載せましょう。この図から、次のようなことがわかります。

・平均年齢は49歳と高め
・入社5年以内が4人いて、定着率が問題か？
・キーマンはCさん
・人件費の合計は4680万円

チェックポイント　会社の近未来図は？

人員構成図ができましたら、さらに取り組むべきテーマがあります。それは会社の近未来図。M&Aで売りに出される会社の多くは社員の高齢化が進んでいます。5年後の会社の人員構成を想像してください。20歳の人は25歳になり、60歳の人は65歳になります。

前掲したA社の5年後を図にすると図7の通りになります。すると、こんなことがわかります。

・人数は、Aさんが勇退するので9人へ
・人件費は885万円減って3795万円へ（昇給は考慮せず。60歳以降は減額に）
・社員10人の平均年齢は49歳だったが、それが54歳に上がる
・CさんとBさんは勇退間近に。特にCさんはキーマンなので要注意

いかがでしょうか？　若い人を採用しないと会社の先行きは真っ暗という姿が見えてきます。すると自明の理として次のような課題が浮かびあがります。
・若い人を採用して定着してもらう努力が必要
・キーマンの後継者が必要。これは最優

図7　5年後の近未来図

男性		氏名	年収（単位：万円）	年齢	女性	
C　★	650	B	385	60-64	I	280
H	450	D	450	55-59		
		E	480	50-54		
		F	400	45-49		
				40-44		
		G	400	35-39		
				30-34	J	300
				25-29		
				20-24		
				18-19		

人数　9人
平均年齢　54歳

年間人件費　4680万円－885万円＝3795万円
（注1）60歳以降は現役時代の70%の年収とした。
（注2）Cさんは管理職続行のため年収変わらず、とした。

先

この近未来図はすぐできますが、それを作っている会社は案外少ないもの。その理由は、考えたくないからです。しかし現実直視が必要であり避けて通れません。

チェックポイント　キーマンは？

事業を継続するうえで最重要事項は、キーマンの存在です。キーマンというのは単に優秀という意味ではありません。


「その人が欠けたら継続できなくなる仕事はあるか？」

「キーマンの後継者は？」

「キーマンの年収は？」

「キーマンは今後も勤務してくれそうか？」


という意味。特定人物に依存しすぎた経営はリスクを伴います。

チェックポイント　雇入通知書の有無

「Q雇入通知書を交付しているか？」「Q雇用契約の更新がなされずに実質的に無期雇用になっているパートがいるか？」という質問は重要。例えば80歳という高齢になっているパートタイマーがいたとしても、無期雇用なら切りにくくなる。

また、雇入通知書そのものがない会社だったとしたら、そのほかの書類も提出できそうもないので買収は要注意。

チェックポイント　労務問題の有無

「Q労務問題はないか?」は最も気になるところ。それが過去の済んだ話であっても具体的に語ってくれるなら信頼感があります。口をつぐむような仕草をした場合は要注意。

チェックポイント　労組の有無

「Q労組はあるか?」という問いに「はい」という返事が来たら、状況を聞かせていただくべき。例えば、いつできたのか? 何人入っているのか? 上部団体はどこか? などを聞きたいもの。

チェックポイント　36協定の提出

「Q事業所の数は? うち従業員10人以上の数は?」「Q36時間外協定は何カ所で出しているか?」「Q就業規則は何カ所で出しているか?」という問い掛けは、労務管理のコンプライアンスのレベルを判断できるポイント。

就業規則は従業員10人以上の事業場で届け出をする義務があります。36協定の届け出は人数要件がありません。

仮に「事業所の数は3カ所で、うち従業員10人以上の数が2カ所で残業している」とすれば「就業規則は2カ所で、36協定は3カ所」になるはず。もしも「就業規則は1カ所で、36協定は1カ所」だとすれば、本社のみしか出ていないわけで、そんなところは労務管理の手間を省いていることが明白なので他のこともテキトーだと判断して間違いありません。まして「就業規則も36協定も出してない」という答えだったら労務管理は0点であり、買収後は苦労するでしょう。

「一事が万事」という言葉があるように

36協定すらまともに出していない
←
就業規則すらまともに出していない
←
時間外手当をまともに払っていない

↓
時間外手当をまともに払ったら大幅減益もありえる

という想像は間違っていません。

チェックポイント　就業規則の改変

「Q就業規則の直近の変更届はいつだったか?」という問い掛けも労務管理のコンプラのレベルを浮かび上がらせます。3年以内なら「○」。10年以上前という返事だったら0点。

就業規則の改変ができていない
↓
契約書の類もできていない
↓
万事がグチャグチャの会社

という想像は間違っていません。

チェックポイント　労基署の是正勧告

「Q過去3年以内に労基署から指導を受けたり問題点を指摘されていないか？」という点は確認したいところ。あったとすれば何なのか？　従業員から「サービス残業があった」と申告されたのか、解雇がらみか、労災がらみか知っておきたい。

> 労基法違反
> ←
> 従業員が不満を抱いて労基署に申告した
> ←
> 労使関係がギクシャクしている会社

という想像は当たっている場合が多いのです。

この「『中級　専門家に頼むクイック労務デューデリ』の行い方」は筆者がインターネットで動画を使って解説しています。ご試聴にはパスワードが必要です。パスワードは「h7LxD」。

こんなはずでは！
事例❼（宮崎県・夜間営業の酒類小売店）名ばかり管理職

私は、宮崎県で夜間営業の酒類小売を営む会社を買収しました。仲介業者のサイトで「売案件」として載っていたので、問い合わせたところ返事があり、それから2カ月後には買収するというスピードでした。

店は宮崎市内の繁華街にあって、バーやスナックなどの飲食店に酒を販売しています。営業時間は深夜の2時までです。

買収後にいろいろな問題が発生しましたが、買収後間もなくして労基署の監督官が突然会社に来たことがあります。社員からの通報があったようでした。

監督官から指摘されたのは管理職に対する時間外手当の未払い。この会社では係長以上の役職者に時間外手当を払っていなかったのです。監督官はタイムカードと賃金台帳を調べ上げて、是正勧告書を出してきましたが、そこにはこう書かれていました。

> 労基法第41条の管理監督者（管理職）とは「経営者と一体の立場にある者」を指す。

具体的には以下の要素が必要。①重要な権限と責任のある職務、②出退勤に厳格な制限がなく自由出勤が保障されている、③相応の待遇、④会社に占める管理職の割合

このせいで過去2年分の賃金不払いとして1000万円を社員に払いました。売り手にその金額を損害賠償として請求したかったので連絡したところ、「連絡不能」ということでした。行方不明です。たぶん倒産して夜逃げしたのだろうと思います。仲介業者に電話しましたが、そこはメールで次のように回答してきました。

アドバイザリー契約において次のように定められている。

（免責）甲は、乙（M&A会社）より入手した本件提携に関する各種情報、資料等に関しては、乙がその真実性を保証するものではないこと、ならびに甲が自らの費用負担において監査を実施した上、自らの責任において本件提携に関する意思決定を行うことを確認する。

よって当社には法的責任は存在しない。

本当に無責任で、腹が立つばかりです。

買収時にデューデリを実施しませんでした。その点は私も反省しています。でも仲介業者から「デューデリなんて他ではやりませんよ」と言われたのです。そのようにリードしたのは仲介業者です。

この酒類販売会社には、社労士が顧問になっていませんでした。そのせいか、労基署に対する就業規則の届け出も不十分でした。

労務を担当していたのは社長の奥さんですが、その方から引き継ぎの際に、

「36協定って、よく聞くけど、何ですか?」

と逆に尋ねられたときは呆れました。

こんなはずでは!
事例❽（岐阜県・食料品製造業）
管理職に深夜割増が支払われていなかった

私は、食料品製造業を営んでいて、同じ岐阜県下の同業他社を買収しました。

私が買収先の会社で社員を集めて挨拶したところ、その1週間後に労働基準監督者が査察

に来ました。複数の従業員が電話で賃金未払いを申告したというのです。

指摘事項は多くありましたが、特に大きかったのは、管理職の深夜労働に対して深夜割増の支払いがされていなかったこと。深夜時間帯（22時から翌5時まで）に労働した場合には一般従業員、管理職問わず、すべての労働者に深夜割増を支払う義務があるはずですが、守っていませんでした。

一般従業員には深夜労働に対して適切な深夜割増が支払われていたのですが、管理職には支払っていませんでした。

この会社は、深夜に製造して朝に出荷して、食品スーパーに納品します。ですから深夜勤務は基本的に毎日です。

未払いの深夜割増賃金は時効3年なので、それが簿外債務でした。社員に過去に遡及して支払った未払い賃金は１０００万円に達しました。

会社を売却した前社長に損害賠償を請求したかったのですが、結局しませんでした。食品を製造するにはノウハウが必要で、それを教えてもらう必要があったからです。

買収時にデューデリを実施しなかったことは反省しきりです。

この会社は、社労士が顧問になっていませんでした。

こんなはずでは！

事例⑨（東京都・不動産会社）
退職者から離職票がおかしいと抗議

私は東京で建築会社を経営していますが、事業多角化のため、同じく都内の不動産会社を買収しました。

買収後に退職した社員がいて、その人から、

「離職票がおかしいので、失業給付の額が低くなった」

という抗議が来ました。ハローワークからも呼び出しがありました。

この不動産会社は、営業担当社員に対して基本給のほかに歩合給を支払っていました。その歩合給を「外注費」として支払うことで社会保険料および労働保険料の納付を免れていました。

歩合給は大きな額なので、それが入るのと入らないのとでは失業給付額も雲泥の差。

労働局の指導もあって、当社は労働保険の未納分を過去2年間にわたって支払いました。

そのほかに社会保険料の未納分も過去2年間にわたって納付しました。社会保険料は労使折半ですが、いまさら従業員に払えとも言えず全額会社負担となりました。総額2000万

円。

さすがに大きいので、前社長に損害賠償を請求しました。ところが前社長は破産していました。不動産投資で失敗し、その穴埋めのために会社を売ったのだと後からわかりました。その自宅も競売にかかっていました。

そんな次第で、損害は全部私持ちです。

なんといっても嫌だったのは、労働局や年金機構などの役人から叱られたこと。

「将来の年金が減ったら、どう責任を取るのか！」

と詰問されました。

違法行為を行っている悪質な事業主として扱われたのが悔しい。

買収時にデューデリを実施しませんでしたが、事前に実施するべきだったと後悔しきり。

この会社では、社労士が顧問になっていませんでした。

こんなはずでは！
事例⑩（三重県・飲食業）パートの社保加入なし

私は、三重県四日市市で飲食店を営んでいますが、同じ県下の飲食店を買収しました。

買収してスグ問題になったのは、パートを社会保険に加入させていなかったこと。

社保加入は、加入基準を満たす従業員に対しては入社日から入れる義務があります。過去に遡り（最大2年間）加入した場合の社会保険料が簿外債務となりました。買収後に保険料をきちんと払うようになったら利益がゼロになりました。

買収先は、社労士が顧問になっておらず、社長の妻が労務管理をしていました。その管理が杜撰なので、他にも新しい問題が次々に表面化しました。

このM&Aは、飲食業専門の仲介会社に依頼して行いました。その譲渡額は「自己資本＋営業利益向こう5年分」でした。

私は、営業利益がゼロになった責任は売り手側にあると考え、仲介会社を通じて一部の返金を求めました。しかし、その返事は「ＮＯ」。

先方が言うには「本来、デューデリは買い手側が買収前に実施すべきこと。それを怠ったのだから、責任は買い手側にもある」と言うのです。
裁判まで行っていませんが、釈然としません。
今から思えば、買収時にデューデリを実施しておけばよかった。
この会社では、社労士が顧問になっていませんでした。

第 4 部

Mergers and Acquisitions

買収後の
労務デューデリジェンスの
行い方

ここからは買収が完了したという前提で、その後の対策をご説明します。

デューデリとは、買収前に投資対象となる企業価値やリスクなどを調査することを指しますが、買収直後に実施することも必要です。

なぜなら瑕疵が見つかった場合は、売り手側に損害賠償を請求できるからです。そのためには買収時点における問題点を整理しなければなりません。

買収前には手元になかった資料があるはずですから、労務デューデリを再度きちんと実施すべきです。それを筆者は「上級　専門家に頼むしっかり労務デューデリ」と表現しています。

そもそも会社の経営がうまくいくためには、社員の協力が必要なのは言うまでもありませんが、何が一番大事でしょうか？　筆者は、

「給料だ」

と断言します。ヒトが会社に来る目的は、オカネをもらうためだからです。

経営がうまくいくには、次の循環が必要です。

初任給などの募集条件が良い。

↓

採用できる。
←世間並み以上の昇給がある＋諸手当が充実している。
←時間外に対してきちんと手当が出る。
←定着してもらえる。
←賞与が出る。
←年収が高い。
←やる気が出る。

このように見ると、大事なのはオカネだとあらためて感じますよね？　1週間でできる「上級　専門家に頼むしっかり労務デューデリ」において、しっかり診断したいのは、つまりココです。

Q 初任給の額と内訳は？
Q 前年の昇給は？
Q 基本給の決定方法（賃金表）は？
Q 基本給の水準は？
Q 諸手当の額と内訳は？
Q 所定内賃金の水準は？
Q 時間外手当は？
Q 賃金総額（時間外手当含む）の水準は？
Q 年収（賞与含む）の水準は？

1週間でできる「上級　専門家に頼むしっかり労務デューデリ」は、筆者の事務所では次のようなステップを踏んで進みます。

①資料を事前に送っていただく。

↓
②ヒアリングの実施（2回程度）。オンラインでも可能。
↓
③課題をまとめた労務デューデリジェンス報告書の作成。
↓
④経営者に対する報告（1回）。オンラインでも可能。
↓
⑤スグ見直した方が望ましい「とりあえずの対策」を提案（2回程度）。オンラインでも可能。

所要時間は①から④までで1週間ほどだと思います。

労務デューデリのために事前に送っていただく資料は、次のようなもの。

賃金（前月分）の支給控除一覧
賞与（前1年間分）

従業員名簿（氏名不要・性別・生年月日・入社年月日・学歴・文系理系・主な資格・職種・役職）
就業規則
賃金規程
パート等非正規従業員就業規則
定年再雇用社員就業規則
退職金規程
育児・介護休業規程
その他労務に関する規程類
就業規則の届け出状況がわかる書類
雇用契約書または労働条件通知書
時間外・休日労働に関する協定届（36協定）
1年単位の変形労働時間制協定届
育児・介護休業に関する労使協定
その他労働時間、休日休暇等労務に係る労使協定
賃金台帳

勤怠管理帳票（出勤簿、タイムカード等）
時間外・休日労働の申請書
その他労働時間管理方法が確認できる書類
年次有給休暇管理簿
健康診断実施報告書
ハラスメント対策がわかる書類（ハラスメント規程、ハラスメント防止ポスターなど）

労務デューデリのチェックポイントとは

本書では、労務デューデリに関する細かなチェック項目までは書き切れませんので重要なチェックポイントを説明します。

チェックポイント　社員の賃金水準はどうか？

↓124ページ参照

チェックポイント　社員は定着しているか？　高齢化していないか？

↓129ページ参照

チェックポイント　会社の近未来図は？

↓131ページ参照

チェックポイント　問題人物は？

前述しましたが、どの会社にも「問題人物」というのがいるもの。例えばこんな質問を前社長にしてみてください。

Q 注意しなければいけない問題社員はいますか？　例えば会社批判の急先鋒のような人とか？

Q パワハラ・セクハラして問題になっている人はいますか？

Q 最近、始末書を書いた人はいますか？

Q 転職サイトに日記のように投稿する人はいませんか？

Q すぐパワハラされたと訴える人はいますか？

などと聞けば教えてくれるでしょう。

チェックポイント　病気がちで配慮が必要な人は？

「病気」も経営上のリスク。健康診断書を1人ずつ見ながら配慮が必要な方をリストアップしてください。

Q　休職中の人は？

Q　健康診断の数値が著しく悪い人は？

Q　健康管理の観点から残業させられない人は？

健康状態に問題がある人は、具体的にマークして残業させないようにしましょう。

チェックポイント　労務問題はないか？

経営者にとって、ストレスのもとは労務問題だと思います。仮に業績が良かったとしても社員との間でギクシャクしていたら気が晴れません。

そこであらためて尋ねてみましょう。

Q　いま労務問題を何かかかえていますか？

筆者なら特に次のことが気になります。

Q　問題社員は？

Q　労災事故で休業が長びいて、障害が残ってしまった人がいますか？

Q 休職中の人がいますか？

前社長からマークすべき人物を教えてもらいましょう。

チェックポイント　労働法規を遵守しているか？

労基法の遵守は、経営するうえで大原則。そこで問題になるのは労基署への届け出。労基法は常時使用する従業員数を基に「事業場」単位での各種の届け出を定めています。

事業所の規模に応じた各種の届け出義務

○従業員1人以上の事業場であったとしても、残業させるには36時間外協定が必要。36時間外協定に人数要件はありません。また1年単位の変形労働時間制を採用する場合は届け出が必要。

○従業員10人以上の事業場は、就業規則の届け出が義務。

○従業員50人以上の事業場は、「衛生管理者または安全衛生管理者」を選任することが必要。「衛生管理者または安全衛生管理者」を選任、解任、変更したときは遅滞なく監督署に報告することが必要。また「産業医」を選任することが必要。「産業医」を選任、解任、変更したときは遅滞なく監督署に報告することが必要。

なお「常時使用する労働者」には、正規従業員のほかパート・アルバイトなどの労働者や他企業から派遣されている労働者を含めます。

チェックポイント　労基署から問題点を指摘されていないか？

監督官庁からどう見られているのかも重要なこと。この場合、労基署は特に重要なので、このような質問を投げかけてみましょう。

「労基署から指導を受けたことは過去5年間でありますか？　例えば是正勧告とか受けておられますか？」

労基署の指導には、定期監督や申告監督など種類があります。定期監督はその名の通り定期的なものですから、特に選ばれたわけではありません。申告監督とは、いわゆるチクリ。手帳を持って突然やってくるケースは申告がきっかけになっているケースが多いです。ということは、それだけ不満を抱いている社員がいることを表しています。

チェックポイント　雇入通知書の内容は？

労基法は従業員を採用する際は、雇入通知書を書面で交付する義務を課しています。雇用に関する義務と権利は、法人がM＆Aの後も承継するので肝心なことです。従業員に交付した雇入通知書があるはずなので１人ずつチェックしましょう。

正社員の雇用には同じ就業規則が適用されると思いますが、なかには特別な決め事もあったりするので、そこは特に注意が必要。

例えば中途採用者の雇用条件が気になります。

「経験者ということで初任給に加算して雇った人はいないか？　加算したとすれば何に加算したのか？　基本給か？　調整手当か？　その調整手当は見直しできるか？」

というあたりです。もしも次のような項目が雇入通知書に書き加えられていたとします。

> 「特別手当は入社後1年間保障するが、２年目以降は査定により支給の有無や金額を見直すことがある」

このようなケースなら見直しの余地がありそうですが、単純に基本給が高いケースなら減額は困難だと思います。

それから幹部を雇い入れる際に賞与や年収を保障するケースがあります。例えば、

> 年収６００万円（基本給40万円＋賞与年間１２０万円）を支給する。

とする雇入通知書があったとします。この通知書に

「年収600万円（基本給40万円＋賞与年間120万円）を支給する。ただし賞与は2年目以降、会社の業績および勤務成績を査定したうえで額を決める」

と書かれていれば減額の余地もありますが、書かれていなければ年収を保障しているわけですから減額は困難。

それから住宅の扱いも微妙です。なかには遠隔地から採用したので借り上げ社宅を提供している人がいたりします。その際は、

Q 借り上げ社宅規程があるのか？
Q 本人と覚書を交わしているのか？
Q 自己負担額は今後増えるのか？
Q いつまで提供するのか？

という部分は大事なポイント。

また、なかには遠隔地への転勤者に住宅手当（あるいは借り上げ社宅）を支給している人がいたりします。

Q 住宅手当の規程はあるのか？

Q いつまで支給するのか？

Q 自己負担額に関する定めがあったのか？

などを確認したいところです。

チェックポイント　無期転換権が発生する非正規は？

雇入通知書は、非正規に対しても重要。特に無期転換権の発生が気になるところです。無期転換権とは何かですが、厚労省のサイトには次のように載っています。

> 「無期転換ルールとは、同一の使用者（企業）との間で、有期労働契約が5年を超えて更新された場合、有期契約労働者（契約社員、アルバイトなど）からの申込みにより、期間の定めのない労働契約（無期労働契約）に転換されるルールのことです。（中略）有期契約労働者が使用者（企業）に対して無期転換の申込みをした場合、無期労働契約が成立します（使用者は断ることができません）。」

労働者にとっては、

「無期労働契約への転換を申込む権利（無期転換申込権）の行使により、契約期間の定めがなくなるため、雇止めの不安は解消され雇用の安定につながります」

というメリットがあるわけですが、会社からすればリスクでもありますので誰が該当するのか一覧表を作って管理するべきなのです。

それから、なかにはパートタイマーを雇用する際に初回のみ書面で雇入通知書を交付して、その後は「1年単位で自動更新」と書いてある会社も見ましたが、それは「無期雇用」とみなされますのでご注意ください。

チェックポイント　退職金の水準はどうか？

退職金は、企業規模によって大きく異なります。

「東京都中小企業賃金退職金事情（2022年度版）」には次のような調査結果が載っています。筆者はひとめ見て思わず、

「高いな」

という言葉が出てしまいます。この東京都の調査は中小企業の実態とかけ離れていると断言できます。筆者は、地元愛知県のみならず東京や大阪などでも賃金の調査を10年以上続け

表1　モデル退職金

（単位：年、歳、千円、月）

学歴	勤続年数	年齢	自己都合退職		会社都合退職	
			支給金額（千円）	支給月数	支給金額（千円）	支給月数
高校卒	10	28	907	3.8	1,223	5.1
	15	33	1,705	6.5	2,148	8.2
	20	38	2,729	9.4	3,284	11.4
	25	43	3,971	12.4	4,656	14.6
	30	48	5,325	15.4	6,046	17.5
	定年		－	－	9,940	23.2
高専・短大卒	10	30	987	3.9	1,269	5.1
	15	35	1,837	6.5	2,274	8.1
	20	40	2,924	9.4	3,465	11.1
	25	45	4,230	12.3	4,935	14.3
	30	50	5,658	15.1	6,459	17.3
	定年		－	－	9,832	22.1
大学卒	10	32	1,121	4.1	1,498	5.4
	15	37	2,129	6.8	2,658	8.5
	20	42	3,431	9.8	4,147	11.8
	25	47	4,906	12.8	5,782	15.1
	30	52	6,536	15.8	7,542	18.3
	定年		－	－	10,918	22.8

（出所）東京都産業労働局ウェブサイトより（https://www.sangyo-rodo.metro.tokyo.lg.jp/toukei/koyou/r4chintyo_2-8.pdf）

てきましたので公的な調査統計の内容に対しても「おかしい」と断言する自信があります。

ひとくちに「中小企業」と言いましてもピンキリですが、数十人程度の規模の会社ならば筆者流にわかりやすい基準を作って提案しています。それは、

「一般社員の会社都合（定年）退職金は1カ月あたり月額1万円」

という基準。つまり40年勤務の場合は、

年額12万円×40年＝４８０万円

という算式。そして幹部の場合は、例えば課長は1年につき20万円、部長は30万円を足してください。20歳で入社、40歳で課長、50歳で部長、60歳で定年という場合は次のようになります。

一般社員分＝４８０万円

課長分＝２００万円（20万円×10年間）
部長分＝３００万円（30万円×10年間）
合計９８０万円

また自己都合の場合は、会社都合（定年）に０・５を乗じていただければいい。例えば勤務年数10年で辞めた一般社員の自己都合退職金なら、次のようになります。

年額12万円×10年×０・５＝60万円

筆者はこの基準よりも高いものは〝高い〟、低いものは〝低い〟と判断しています。ただし、企業規模により相場は異なります。これはあくまでも数十人程度の規模の会社の場合です。

チェックポイント　退職金の社外準備は？

◎退職金は、社外準備が重要

中小企業は先が読めないので、長期的に資金の準備は行うべきです。問題はどんな計画を立てるのか？　例えば表2のような退職金があったとします。中小企業退職金共済に入れて毎月5000円を掛けてきたとします。

そこで疑問に浮かぶのは、

Q 定年退職金を意識して資金準備をするのか？

Q 自己都合退職金を意識して資金準備をするのか？

という選択肢でしょうが、筆者に言わせれば両方ともNG。なぜなら、いま会社都合で辞めるわけではないし、まして自己都合で辞めるわけでもないからです。そうなりますと、

Q 将来の定年退職金を意識して資金準備するのか？

という選択肢も出てきますが、全員が定年までいるか予測できません。ではどうするか？　筆者は「定年までいきそうな人」「定年までいくか予測しにくい人」に二分割します。例えば、こんな感じです。

「定年までいきそうな人」＝10年以上勤務で40歳以上の人

表2　退職金と社外準備①

(単位：円)

氏名	年齢	勤務年数	退職金(定年)	退職金(自己都合)	中退共掛け金	同積立金
A	50	30	3,600,000	1,800,000	5,000	1,800,000
B	40	15	1,800,000	900,000	5,000	900,000
C	20	0	0	0	5,000	0

「定年までいくか予測しにくい人」＝それ以外の人

このように区分しますと、退職金の資金準備も問題が見えてきます。古手であるAさんとBさんの定年退職金は表3のようになります。中退共の掛け金が現状の5000円のままだと資金が大幅に不足するのが見えます。

若いCさんは「定年までいくか予測しにくい人」ということで除外します。

この積立不足金は言ってみれば〝簿外負債〟。将来債務となりますから要注意です。

チェックポイント　就業規則の内容は？

M&Aが無事完了したところで、就業規則などの諸規程をあらためてチェックしたいもの。

いわゆる諸規程には、いろいろな種類があります。北見式賃金研

表3　退職金と社外準備②

（単位：円）

			A		B	B－A
氏名	年齢	勤務年数	退職金（定年）	中退共掛け金	定年時積立金	不足予想額
A	60	40	4,800,000	5,000	2,400,000	－2,400,000
B	60	35	4,200,000	5,000	2,100,000	－2,100,000

究所が顧客に提案するものは次のような構成になっています。

正規従業員就業規則
正規従業員賃金規程
正規従業員退職金規程
非正規従業員就業規則
非正規従業員賃金規程
ハラスメント防止規程
旅費規程

このほかにもあるでしょうが、主なものはこれぐらいでしょう。

就業規則を作らせていただいた会社数は覚えておりませんが、1000社近いのではないかと思います。

筆者は、就業規則を拝見する際にまず変更履歴をチェックします。変更履歴が頻繁で、労基署に届け出されていればまず間違いないからです。

逆に変更履歴がめったにないと、実際には使われていなかったのでは？　と詮索したくなります。

チェックポイント　従業員代表はどう選ばれたか？

会社は、就業規則や36時間外協定を労基署に届け出する義務があります。その際に「従業員代表の意見書」が必要。

問題はどうやって選出したのか、です。

厚労省はサイトで次のように解説しています。

> 過半数代表者となることができる労働者の要件があります。
>
> 労働基準法第41条第2号に規定する管理監督者でないこと
>
> 選出手続きは、投票や挙手の他に、労働者の話し合いや持ち回り決議などでも構いませんが、労働者の過半数がその人の選任を支持していることが明確になる民主的な手続きが必要です。また、選出に当たっては、派遣労働者などを含めたすべての労働者が手続きに参加できるようにしましょう。
>
> 会社の代表者が特定の労働者を指名するなど、使用者の意向によって過半数代表者が選出された場合、その協定は無効です。

例えばこんな方法はＮＧ。

×　総務課の係長が社長に命じられて従業員代表になった。
×　工場長が社長に命じられて従業員代表になった。

この選出過程は、後から否認されないように記録を残すことが必要です。

チェックポイント　休日や勤務時間が中小企業に合っているか？

年間の休日数は求人のうえで大事な要素ですが、かといって多すぎると人件費コストの上昇につながります。相場は何日でしょうか？　厚労省の就労条件総合調査（２０２２年度）には、次のように載っています。

（全規模）
一企業の平均休日数　１０７日
労働者１人あたりの平均休日数　１１５・３日
（30人から99人の企業規模）

一企業の平均休日数　105・3日
労働者1人あたりの平均休日数　110日

チェックポイント　年次有給休暇の取得率は？

年休は、労基法で付与日数が定められています。

2019年4月からは、年10日以上の年次有給休暇が付与される労働者（管理監督者を含む）に対して年次有給休暇の日数のうち、年5日については使用者が時季を指定して取得させることが義務付けられました。

デューデリにおいては、その遵守状況をチェックします。

チェックポイント　時間外手当は適法に支払われているか？

前述した通り（33ページ参照）、割増賃金の計算方法は労基法などで厳格に定められています。

基礎賃金÷月間平均の所定内勤務時間×法定割増率＝割増賃金

という計算式。割増賃金の基礎となる賃金から除外できるものは前述した通りです（112ページ参照）。よって基本給以外にも、これらに該当しない賃金はすべて算入しなければなりません。

チェックポイント　労働時間の把握は適正か？

労働時間の把握は「労働時間の適正な把握のために使用者が講ずべき措置に関するガイドライン」で定められています。この遵守ができているかどうかが問われます。

> 4　労働時間の適正な把握のために使用者が講ずべき措置
> （2）始業・終業時刻の確認及び記録の原則的な方法
> 使用者が始業・終業時刻を確認し、記録する方法としては、原則として次のいずれかの方法によること。
> ア　使用者が、自ら現認することにより確認し、適正に記録すること。
> イ　タイムカード、ICカード、パソコンの使用時間の記録等の客観的な記録を基礎として確認し、適正に記録すること。
> （3）自己申告制により始業・終業時刻の確認及び記録を行う場合の措置

上記（2）の方法によることなく、自己申告制によりこれを行わざるを得ない場合、使用者は次の措置を講ずること。

ア　自己申告制の対象となる労働者に対して、本ガイドラインを踏まえ、労働時間の実態を正しく記録し、適正に自己申告を行うことなどについて十分な説明を行うこと。

イ　実際に労働時間を管理する者に対して、自己申告制の適正な運用を含め、本ガイドラインに従い講ずべき措置について十分な説明を行うこと。

ウ　自己申告により把握した労働時間が実際の労働時間と合致しているか否かについて、必要に応じて実態調査を実施し、所要の労働時間の補正をすること。特に、入退場記録やパソコンの使用時間の記録など、事業場内にいた時間の分かるデータを有している場合に、労働者からの自己申告により把握した労働時間と当該データで分かった事業場内にいた時間との間に著しい乖離が生じているときには、実態調査を実施し、所要の労働時間の補正をすること。

チェックポイント　ハラスメント防止対策を講じているか？

セクハラや、マタハラ、パワハラなどのハラスメント行為は許されない時代。そこで次のような対策を講じているかが問われます。

（事前の予防対策）

Q 幹部にハラスメント防止研修をしているか？

Q ハラスメント防止規程があるか？

Q 通報窓口があるか？

（事後対策）

Q 加害者に対する指導や懲戒処分をしたか？

このあたりも大事な取り組みであり、具体的な行動が必要です。

チェックポイント　労働安全衛生法を遵守しているか？

労働安全衛生法は細かな定めがあるのでここに書き切れませんが、一部の危険業務に関しては、やらせていいのかどうか基準があります。例えば、

Q プレス機械作業は「技能講習」を修了した者が行っているか？

Q フォークリフトは「技能講習（1トン以上）」「特別教育（1トン未満）」を修了した者が行っているか？

Q ボイラー溶接は「免許」がある者が行っているか？

などです。

チェックポイント　労災上乗せ保険のチェック

万一、労災事故が発生すると政府労災のみでは十分な補償にならないので、上乗せ保険の加入は重要なポイントです。特に過労死や過労自殺となると賠償額が大きくなります。

筆者がお勧めするのは「使用者賠償責任保険」。

これは、損害賠償に対応するための保険です。業務上の災害により、会社が従業員などに対し法律上の損害賠償責任を負い、その損害賠償金の額が政府労災保険からの給付額を超過した場合に、その超過額を賠償保険金として受給できるもの。

この保険で1億円ぐらいまで担保していれば、労災事故リスクをおおむねカバーできます。

この保険は国内の損保会社が扱っています。

保険にはいろいろな種類がありますが、筆者がお勧めするのはあくまでも「使用者賠償責任保険」です。類似品がありますのでご注意ください。

この1週間でできる「上級　専門家に頼むしっかり労務デューデリ」は、筆者がインターネットで動画を使って解説しています。ご試聴にはパスワードが必要です。パスワードは「c2Wwy」。

◎北見式労務デューデリジェンス報告書の見本

チェックポイントを列挙しましたが、最終的にはどんな報告書にまとまるのか？　気になるところでしょう。そこで1つの見本を紹介します。

> 労務デューデリジェンス報告書
>
> ○○株式会社　代表取締役　○○殿
>
> この度は労務デューデリジェンスをご依頼いただきましてありがとうございました。調査結果がまとまりましたので、ここにA社に関する労務デューデリジェンス報告書を提出させていただきます。
>
> （株）北見式賃金研究所　北見昌朗

北見式賃金デューデリによる総合評価「マンパワーのレベルは『60点』」

従業員数は、正社員50人、継続雇用の嘱託10人、パートタイマー5人、外国人技能実習生5人で、合計70人。

平均年齢は、正社員で45歳になっていて、35歳以下の若手は3人しかいません。高齢化の進展が大きな問題。

正社員の場合、勤務年数が5年以内の人が3割を占めていて、定着率の観点からも懸念される状況。

新卒の採用活動は、今年春に5人採りたいところで1人しか採れませんでした。応募者が少なかったことに加えて、内定辞退者が2人出たのが痛かったそうです。

中途採用はハローワークに求人票を出しているものの、反応はサッパリのようです。

図8　年齢構成表

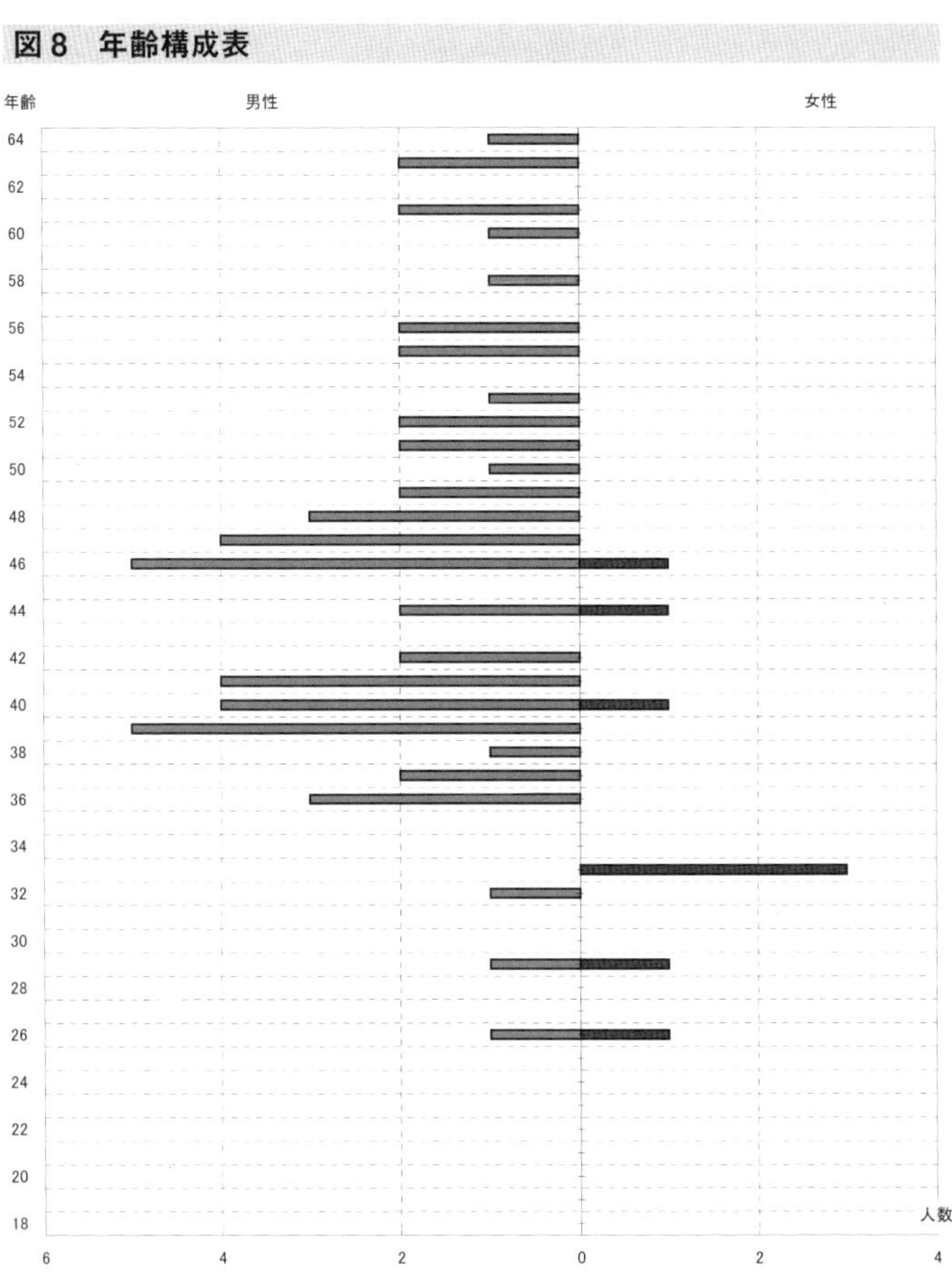
年齢
男性
女性
64
62
60
58
56
54
52
50
48
46
44
42
40
38
36
34
32
30
28
26
24
22
20
18
人数
6
4
2
0
2
4

社内にはキーマンと呼べる人物が2人いるようです。技術部のB氏は、この人しかできない仕事があって、いなくなったら業務の継続が困難になりかねません。B氏は55歳という年齢で持病もかかえていますので、その技術伝承は喫緊の課題。

また営業部のC氏は、この人が顧客と個人的ネットワークを築いているので、もし退社されたら顧客を失いかねません。個人の力量に依存したビジネスは危険です。

賃金水準を分析した「ズバリ！　実在賃金」グラフを添付しました。これは○県下の中小企業の賃金水準を調査分析したものです。実際の賃金明細を大量に集めて相場を割り出しています。

貴社の社員の賃金は●で表示されています。

・基本給は、「ズバリ！　実在賃金」のグラフ上にプロットすると、中高年はラインより上ですが、若手はみな下に位置しています。

・所定内賃金（諸手当を含む。通勤手当を除外）は、「ズバリ！　実在賃金」のグラフにプロットしますと中高年はラインよりも上ですが、若手は下に位置します。

図9 「実質基本給」ライン

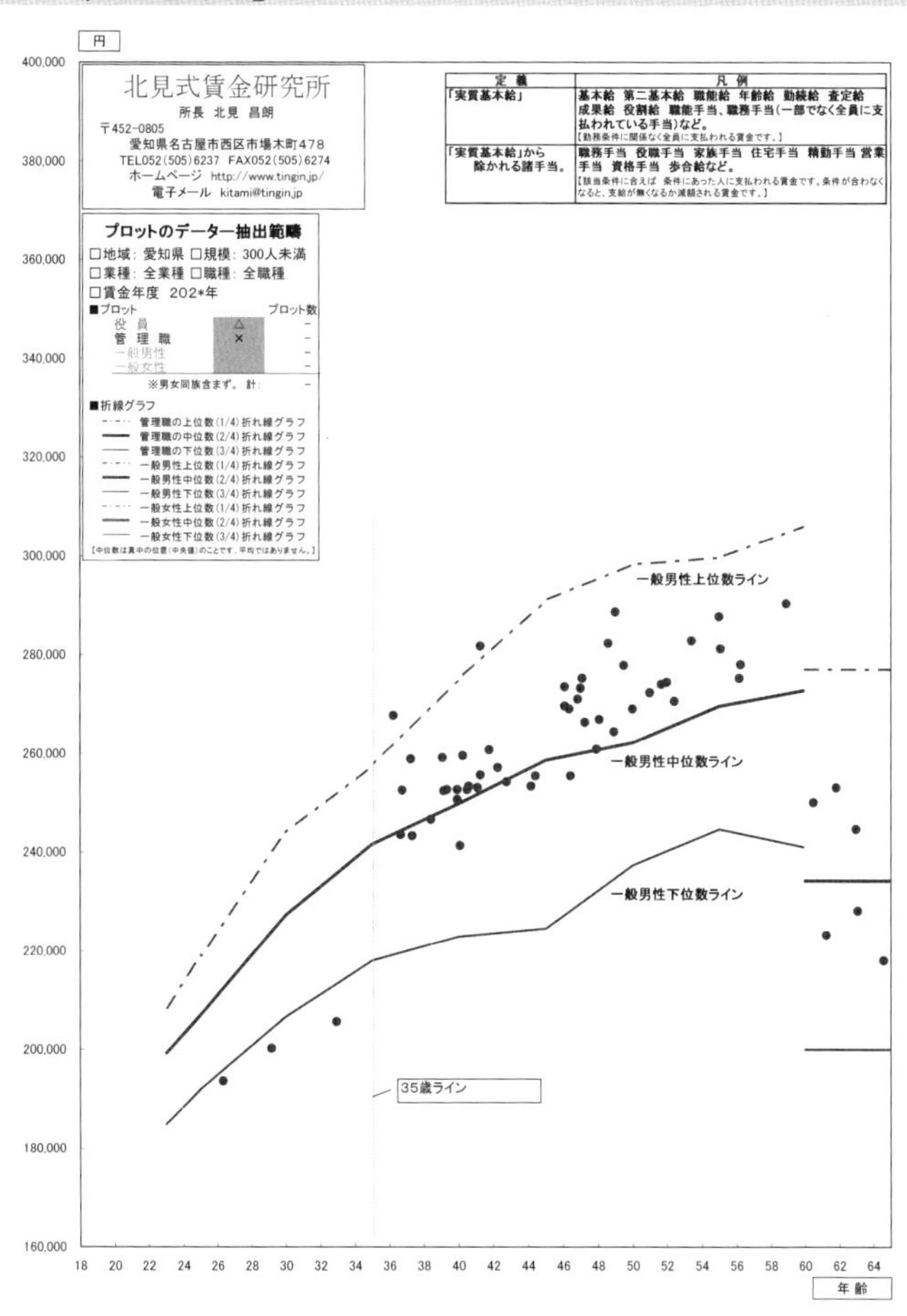
円
北見式賃金研究所
所長 北見 昌朗
〒452-0805
愛知県名古屋市西区市場木町478
TEL052(505)6237 FAX052(505)6274
ホームページ http://www.tingin.jp/
電子メール kitami@tingin.jp
定義
凡例
「実質基本給」
基本給 第二基本給 職能給 年齢給 勤続給 査定給 成果給 役割給 職能手当、職務手当(一部でなく全員に支払われている手当)など。
【勤務条件に関係なく全員に支払われる賃金です。】
「実質基本給」から除かれる諸手当。
職務手当 役職手当 家族手当 住宅手当 精勤手当 営業手当 資格手当 歩合給など。
【該当条件に合えば 条件にあった人に支払われる賃金です。条件が合わなくなると、支給が無くなるか減額される賃金です。】
プロットのデーター抽出範疇
□地域: 愛知県 □規模: 300人未満
□業種: 全業種 □職種: 全職種
□賃金年度 202*年
■プロット
プロット数
役員 △ -
管理職 × -
一般男性 -
一般女性 -
※男女同族含まず。 計: -
■折線グラフ
管理職の上位数(1/4)折れ線グラフ
管理職の中位数(2/4)折れ線グラフ
管理職の下位数(3/4)折れ線グラフ
一般男性上位数(1/4)折れ線グラフ
一般男性中位数(2/4)折れ線グラフ
一般男性下位数(3/4)折れ線グラフ
一般女性上位数(1/4)折れ線グラフ
一般女性中位数(2/4)折れ線グラフ
一般女性下位数(3/4)折れ線グラフ
【中位数は真中の位置(中央値)のことです。平均ではありません。】
400,000
380,000
360,000
340,000
320,000
300,000
280,000
260,000
240,000
220,000
200,000
180,000
160,000
一般男性上位数ライン
一般男性中位数ライン
一般男性下位数ライン
35歳ライン
18
20
22
24
26
28
30
32
34
36
38
40
42
44
46
48
50
52
54
56
58
60
62
64
年齢

・賃金総額（時間外手当を含む）は、「ズバリ！ 実在賃金」グラフにプロットすると、大半の人がラインよりも上に位置しています。それは時間外手当が大きいのが理由。

・年収（賞与を含む）は、「ズバリ！ 実在賃金」グラフにプロットすると、大半の人がラインよりも上に位置しますが、それは主に時間外手当が多いからです。

基本給は、年功序列型になっています。20年前に経営コンサルタントから提案された等級号俸制の賃金表をいまだに使っていて、それが年功序列的なのです。

賃金表は年齢給、勤続給、職能給という3つの表で構成されています。職能給は1等級から8等級まであります。職能給は能力格付けとは言いながら、実際には若い人は低い等級で、中高年は高い等級になっているので、若手は昇給が小さくて中高年は大きくなる傾向になっています。

この賃金表は賃金規程の巻末に載っているので、会社側も遵守する必要があります。法的には本来なら使用者の裁量であった昇給が言ってみれば権利・義務になっているので、どんな不景気になっても規程通り行うことが求められます。

新卒初任給は大卒も高卒も相場を1万円ほど下回っています。

役職手当は、主任1万円、係長2万円、課長5万円となっています。

時間外手当は、課長以上には出していませんが、それが労基法41条の「監督若しくは管理の地位」に該当するか疑問であり、名ばかり管理職問題が生じかねません。

係長は2万円＋時間外手当なので、課長になると減収になりかねない状況。課長になりたがらない風潮が出ているようです。

家族手当は、扶養の配偶者1万円、子供（18歳まで・2人まで）1人につき5000円という額で10年以上変わっていないそうです。

家族手当は家族状況のチェックができていないようで、なかには「28歳の子供（引きこもり中で扶養家族になっている）」にも支給していた例が見つかりました。

住宅手当は、遠隔地から採用した大学生に月額3万円を出しています。ただし、この住宅手当は賃金規程に載っておらず特例的に出しているようです。D氏は勤務年数10年目ですが、いまだに住宅手当の支給を受けているので、いつまで出すのかが気になります。

住宅手当は課税対象でもありますので、借り上げ社宅形式に切り替えた方が労使双方ともオトクです。

皆勤手当は月額1万円出ています。その皆勤手当を足しても新卒初任給の相場を下回っています。

公的資格を持つ人に対する資格手当は、出していません。

通勤手当は、ガソリン代の単価設定が相場よりも低いそうで、社員からは不満の声が上がっています。定期的な更改が必要。

通勤手当は、実際には乗っていないバス代をずっともらっている人がいます。

時間外手当の計算は、問題があります。

割増賃金は本来ならば次のように計算されます。

割増賃金＝基礎賃金（あ）÷月間の所定勤務時間（い）×法定割増率（う）

基礎賃金（あ）には、本来含まれるべき皆勤手当などが入っていません。

月間の所定勤務時間（い）は、本来なら170・0時間になるはずが173時間で計算されていました。

法定割増率（う）は、労基法改正（2023年4月）により月間60時間超は1・50倍になるはずが、1・25倍で計算されていました。

年間の休日数は110日。それ自体は世間並みだと思います。

1日の勤務時間は、始業8時30分、休憩12時~13時、終業17時30分。

年間の所定労働時間は、次の通り。

365日－110日＝255日
255日×8時間＝2040・0時間
2040・0時間÷12＝170・0時間

始業前の朝礼をしていました。

時間外手当は指示書を基に計算されていますが、タイムカードの打刻時間と大きなズレがありサービス残業が疑われる状況。

終業時刻は17時30分ですが、時間外手当は18時からしかつきません。その30分間は「休憩」ということになっていますが実際には勤務しているようです。

割増賃金の未払い分は、少なくともこれだけあります。
①割増賃金の単価がおかしい分
②始業前朝礼の分
③17時30分から18時まで勤務している分
④課長に対する分
⑤時間外指示書をもらわずに働いている分

喫煙者のなかには無断の勝手な職場からの離脱があります。

時間外は、全般的に多くて現場は月間40時間程度。なかには60時間を毎月超えている人もいます。

36時間外協定を遵守できていない人が数人います。

賞与は、次の算式により支給されています。

基本給×平均支給月数×ＡＢＣの係数＝賞与額

この方式は、賃金比例方式と言います。基本給が年功序列なので、賞与までも年功序列になっています。

平均支給月数は、基本給の年間３・５カ月で、この規模の製造業なら世間並み。

年収の社内バランスを見ると、時間外手当のつく係長の年収が、時間外手当のつかない課長を超えているのがわかります。

退職金規程は、中小企業退職金共済から支給される額となっています。その掛け金は全員月額５０００円。

これは俗に「中退共方式」と呼ばれるもの。次はそのメリットとデメリットです。

メリット

わかりやすい。

簿外負債が生じない。

デメリット
自己都合で辞めた場合でも、減額できない。
不祥事を起こして辞めた場合でも、減額できない。

A社の場合は掛け金が全員5000円とのことから、40年間掛けても240万円（金利は別）にしかならないので低いと感じます。
役職者に対する加算もないので、やる気を削ぎます。

定年は60歳で、その後は嘱託という継続雇用者になります。

継続雇用者の賃金は、現役時代の6割（所定内賃金×0・6）となっています。6割に設定している理由は高年齢雇用継続基本給付金があり、同給付金は現役時代の賃金と比較してその額が決まるからです。しかし同給付金は減額廃止の方向であり、それがなくなれば生活できなくなります。

継続雇用者の賃金は基本給のみとなっていて、皆勤手当などの諸手当がないことが同一労働同一賃金に抵触します。

問題社員は1人いるようです。品質管理課のE子は、キャバ嬢のような派手な服装と化粧が問題になっているようです。

体調不良の社員は、総務課のF氏。1年前からメンタル疾患を理由に休職中。F氏の休職は3カ月後に満了になるので、その際は対応に迫られます。

労災で休業している人がいます。製造部のG氏は、フォークリフトの爪が足にあたり怪我をしました。休業はすでに3年以上。労基署によれば間もなく症状固定になり休業が終わり障害が残りそう。

補償をどう行うのか?

復職できるのか?

会社は対応を求められます。

A社は、労災事故に備えた民間の保険に加入していません。よってG氏への補償は経営に打撃を与えかねません。

健康診断は年１回のものは行われています。しかし雇い入れ時の健康診断が行われていないのが問題。

社内には鉛を扱う部署もあるので特殊健康診断が必要ですが、それが行われていません。

就業規則は、本社では５年前に地元の労基署に提出したきりで、その後の法改正に対応できていません。

分工場は従業員が10人いるので、就業規則の届け出が必要ですが未届け。

36時間外協定は、本社では毎年出ていますが、分工場では未届け。

本社は、従業員が50人以上なので産業医の選任が必要ですが未届け。

本社は、従業員が50人以上なので衛生管理者の選任が必要ですが未届け。

従業員代表は総務課のH氏になっていますが、彼は総務課課長という立場なのでふさわしくありません。

従業員代表は、そもそも民主的な手順で選ばれていないので効力がありません。

年次有給休暇は法定通り付与されています。

年休は最低でも5日以上の消化が求められていますが、社内には数人取っていない人がいます。

雇入通知書は、正規従業員には交付していますが、パートタイマーには交付していません。

パートタイマーは、雇用期間が定まっていないので事実上「無期」の状態。

高齢者のパートタイマーのなかにI氏がいますが、75歳。いつまでの雇用契約なのか定かではありません。

労働安全衛生の面では、1トン以上のフォークリフトを操作しながら、法定で必要な「技能講習」を受けていない者がいます。

障害者は1人も雇用していません。法定雇用率を未達で、障害者雇用納付金を納付している状況。県労働局の雇用環境・均等部が先月指導に来社されました。

外国人は、技能実習生を5人入れています。寮費などの控除が問題になり、労基署から1年前に是正勧告を受けました。会社は労使協定（賃金控除に関する協定書）を結んで是正報告書を提出しました。

労基署の是正勧告書は1年前に出されています。未払い時間外手当が指摘事項で、過去に遡って払ったという是正報告書を出して受理されました。
労働基準監督官は突然臨検したそうなので、申告事案かもしれません。
社会保険料および労働保険料の納付は特に問題が見つかりませんでした。

この「北見式労務デューデリジェンス報告書の見本」は筆者がインターネットで動画を使って解説しています。ご試聴にはパスワードが必要です。パスワードは「K7bpm」。

こんなはずでは！
事例⓫（福岡県・自動車整備会社）
買収先の工場長が過労死

私は、福岡県の自動車整備会社を買収しました。

買収の半年後、工場長が脳溢血でたおれたのです。勤務時間中に、それも工場のなかで。すぐ救急車を呼びましたが、亡くなりました。

葬儀の後、遺族は「過労死だった」と労災申請を求めてきました。労基署が来てタイムカードを調べたところ残業時間はずっと平均80時間を超えていましたので労災認定になりました。

その工場長は健康診断の結果を見ると血圧が高くて「要治療」となっていましたが、実際には治療にも行っていなかった様子。買収先は36時間外協定届も出していませんでした。

当社は、損害賠償として５０００万円を支払うことで和解しました。労災上乗せ保険にも加入していなかったので全額が会社負担となり赤字決算に陥りました。

一番嫌だったのは、書類送検となり社名・代表者名が新聞記事になったことです。

私は、地元では商工会議所の役員を務め、ロータリークラブの会長も務める立場です。この新聞記事は私にとり不名誉このうえない。

買収時にデューデリを実施しておけば、工場長の健康診断書も確認できたはず。大いに反省しています。

こんなはずでは！ 事例⑫（長野県・食料品製造業）子会社の役員にした者が労災事故に

私は、長野県の食料品製造業A社を買収して子会社にしました。当社の部長B氏をA社に出向させ、B社の専務取締役にしました。

B専務は、A社では現場で陣頭指揮を執って働いてくれました。

あるときフォークリフトが故障したので、B専務は自ら直そうとしましたが、その際に火花が散って眼に入りました。怪我の状況はひどく、大学病院で長期入院することに。

困ったのは医療保険です。B専務はA社で就労していますが、そこでは「専務取締役」という立場なので労災保険が効きません。かといって業務上災害なので健康保険も使えません。

ということで、B専務は療養費を全部自腹で負担することになりました。

当社とB専務は、補償をめぐるトラブルに発展し、B専務は弁護士を通じて、「私はA社に出向を命じられて出向いただけである。実際には従業員と何ら変わらない。本来なら労災保険から出るはずだったオカネを会社が出すべきだ」と要求してきました。

当社は、B専務に関して厚生年金・健康保険・雇用保険・労災保険を当社の方で掛けていました。

後からわかったのですが、労災保険は出向先で入るものなので、出向元で掛けていても意味がないそうです。出向先で取締役に就任する場合は、その労災保険も適用されないので政府労災の役員特別加入に入るのが安心なのだとか。当社には顧問の社労士がいないので、そんなことは後から知りました。

このトラブルは、当社が多額の療養費を払うことで一応収まりました。ただし、現在も治療が続いているので、将来は障害が残りそうです。そうなったら補償問題が再燃しそうです。

当社は顧問社労士がいないので、こんな問題が生じました。社労士の必要性を痛感しました。

こんなはずでは！
事例⑬（宮城県・土木建築業）
役員に多額の退職慰労金を支払うハメに

私は、宮城県の土木会社A社を買収しました。A社のB社長は高齢になり後継者もいないので、会社の譲渡と同時に取締役を退任しました。そして、そのB氏もその後亡くなりました。B氏が亡くなってしばらくして専務取締役だったCさんが70歳で役員退任しました。

そこで誤解が生じたのはCさんの役員退職慰労金です。CさんはB氏の子飼いで会社発展の功労者。Cさんは20歳で正社員として入社し、40歳で取締役になりましたが、その際には正社員の退職金をもらっていません。50歳で常務取締役、60歳で専務取締役になり、70歳で退任したわけで、役員在任年数は30年。

問題は役員退職慰労金規程の存在でした。役員退職慰労金規程は、B氏が取締役を退任したときに顧問税理士が提案して採用されたもので、その内容は次の通りです。

役員報酬の最終月額×在任年数×功績倍率＝役員退職慰労金額

功績倍率は社長で3・2倍、専務取締役で2・8倍。前社長は2億円をもらって退任して、会社を当社に売却しました。

この経緯は専務取締役のCさんもすべて事情を知っていました。

また、CさんはB氏から、長年にわたって支えてくれたCさんにも役員退職慰労金が支払われるよう準備しておくと言われていたので、自分が退任する際には、自分も役員退職慰労金がもらえるものだと思っていました。

その額は「1億円＋功労金」。

そんな規程を知らない私は、

「そんな役員退職慰労金規程なんて聞いていない」

「そんな額は中小企業ではありえない」

と否定し、支払いを拒否しました。

その後話し合いの機会もありましたが、双方とも歩み寄りの姿勢もないので遂に法廷の場に持ち込まれました。

裁判は長期化して2年以上続きましたが、裁判所の和解案が出されました。和解案は「1億円」。裁判官は、

「役員退職慰労金は内規といえども存在していて、現にA社の前社長にもその内容に沿っ

て支払われている」

「CさんはA社長から役員退職慰労金が支給される旨の説明を受けており、その期待権は法的保護に値する」

「にもかかわらず、内規の存在を知らなかったとの理由で、当社がCさんの役員退職慰労金を不支給としたことは不法行為にあたる」

「『A社の前社長B氏が2億円の役員退職慰労金をもらったのはオーナーだったからで、それに対してC氏は非オーナーであり立場と責任の大きさが違う』と言うが、取締役である以上同じ規程（内規）が適用されることを前提に和解金額を定めるのが相当である」

などと述べました。

結局、当社はC氏に1億円という予定もしていなかった大金を払うハメになりました。役員退職慰労金規程の怖さが身に染みました。

第 5 部

Mergers and Acquisitions

社員への情報開示と
その後の接し方

その❶

社員の受け止めはネガティブなもの

会社の売買は譲渡契約書の締結をもって完結しますが、社員への開示は「譲渡契約」後になります。M&Aは情報漏えいを問題視するため、交渉中は一部幹部にのみ開示されるだけで社員は突然に重大事実を知らされます。説明会に突然参加させられた社員は、

「会社が売られてしまった」

と驚きを隠せない人が少なくありません。社員にしてみれば、M&Aは人生を揺るがす大事件。

買い手側は人材がほしくて買収したので、

「残ってくれるだろうか? 辞められたら困る」

と思っていますが、社員側は、

「辞めさせられるのでは?」

とネガティブに受け止めるもの。それが現実です。

立場の相違で、気持ちは真逆に。

買い手側の心理
「残ってくれるだろうか？　辞められたら困る」

×

社員側の心理
「辞めさせられるのでは？」

その❷
まずは「違い」を理解するところから

買収後に失敗するのは、買収先の社員に対する配慮が足りなかったケースが多いと思います。

× 買い手企業の「当たり前」を強要する

× 買い手企業の〝上から目線〟

× シナジー効果を求めるあまりM&A直後から無理に仕事のやり方を変える

× コストカットを推進する

などがありえます。買収先の社員にしてみれば、

「会社が突然売られてしまった」

という気持ちがあるので不安を感じているもの。

M&Aにおいて大事なのは、買った後に相乗効果を上げて業績を伸ばすこと。何度も言いますが「PMI」というM&Aの専門用語があり、それはM&A成立後の統合プロセスのことで相乗効果を上げるための取り組みです。PMIを成功させるには、まず自社との違いを認識することが重要。これらは自社との「違い」であって「だからダメ」というわけではありません。

その❸

買収後の労務管理のコツ
急に物事を変えないこと

買収で成功した経営者の共通点とは何か考えてみました。思い浮かんだのは次です。

◆必要なお金を気前よく使う

・インフレが続いているようなら物価手当を出す
・社員から希望のあった什器備品を買う
・昼食補助や資格手当など前向きな制度を作る

◆社員の懐に飛び込む

・相手企業の歴史を尊重する
・社員に自分から話しかける
・腹をわって話す

・食事会を開く

◆経営方針を明確にする

・経営計画を立てて役割と目標を明確にする。もちろん経営数値の情報開示も必要

大事なことは急がないこと。買収直後は物事をあまり変えない方がいいと思います。「変わらない」「変わっていない」と感じさせることで安心感をもたせたい。

この「M&Aに対して社員の受け止めはネガティブなもの」は、筆者がインターネットで動画を使って解説しています。

パスワードは不要です。

こんなはずでは！
事例⑭（青森県・クリーニング業）「潰れる」という噂で社員が動揺

私は青森県でクリーニング業を営んでいて、同じ県下の同業他社A社を買収しました。ところが買収にあたり社員が多数辞めてしまい、その穴埋めで本当に苦労しています。

M&Aは仲介業者の紹介により進みました。1月初旬にA社のB社長とトップ面談を行って、同月中に基本合意書を締結し、3月には株式譲渡契約に至りました。

A社は、企業概要書によると、正社員が30人、パートタイマーが60人となっていました。ところが実際に買収してみると、正社員は20人しかいません。2月に大量の社員が辞めてしまったのです。しかも工場長とか係長とか主要メンバーが抜けてしまった。社員が大勢辞めたのは2月でした。どうもその頃に、A社の経営不安が広まっていたようです。

「A社が潰れるそうだ」

「給料が遅配するらしい」

この噂の震源地がどこだったのか不明ですが、1月にネットで「A社」と検索したところ

「A社　倒産」とか「A社　身売り」とか出てきたので違和感がありました。だから誰かが噂を流したとしか考えられません。

ちなみにA社は財務内容も良く、銀行からの信頼もあるので破綻なんてありえない。確かに電気代の高騰により収益が悪化し、前年冬の賞与は小さくなりましたが、赤字ではありません。

この噂を信じる向きは、A社の社内で増えていたみたいで、まことしやかにこんな噂話がヒソヒソと語られていたみたいです。

「うちの会社は潰れそうだから、銀行も見放したみたいだ」

「いまどきクリーニング工場なんて儲からないから工場閉鎖するらしい」

「会社が売りに出ている。新しい経営者は、工場閉鎖してマンションを建てるみたいだ」

この噂については、B社長も怒っていて、

「本当にひどい」

と立腹されていました。噂の出所がどこなのかは定かではないものの、疑っているのはM&A仲介業者の情報でした。仲介業者は「青森県　クリーニング工場　正社員30人、パートタイマー60人　後継者不在が原因」という情報をサイトに載せて買収先を募っていたのです。狭い青森県のことだから、関係者ならどこかがすぐわかってしまうのです。

B社長は、仲介業者に連絡してネット掲示を止めていただきましたが、噂は一気に広まったみたいです。

そんなわけで社内には動揺が走り、先の見える人から退社してしまいました。

クリーニング工場は求人難が続いていて、募集してもサッパリです。仕事量が増えているのにヒトがいない状況は辛い。

M&Aには成功しましたが、経営の困難さの度合いは高まる一方です。

こんなはずでは！
事例⑮（北海道・機械部品卸売業）「リストラされる」という噂で主要メンバーが退社へ

私は札幌の機械部品卸売業を経営していて、同じ市内の同業他社A社を買収しました。規模拡大による企業価値向上が買収の狙いでした。A社は社員が20人いて、それを傘下に入れればマンパワーも拡大できるのが魅力でした。

株式譲渡契約の後で、A社の全社員を集めて情報開示を行いました。ところが社員の多くは浮かぬ顔。なかには驚いた人もいましたが、大勢は暗い表情で終始うつむいていました。

それから1カ月後、営業部長のB氏が退職届を持ってきました。その人は顧客とのパイプも太いキーマンで、辞められたら困る人物です。退職理由を尋ねると、

「辞めてほしいなら、ハッキリそう言ってください」

との返事。当社にしてみたら「誤解」でしかないので、

「それは誤解だよ」

と申しましたが、B氏はその言葉通りに受け取ってくれません。

「だって、親会社からすれば、ほしいのはうちの会社（A社）の商権だけでしょ。顧客のみもらって、従業員を減らせば利益が出るわけでしょ」

と、不信感を隠さず語るのです。

私は誤解を解くべく説明を重ねましたが、結局無理でした。

B氏の後にも退社する人が相次ぎました。なかには、

「退職金は解雇扱いで計算してほしい」

と、言ってくる人もいました。

そして、こうも言う人がいました。

「会社が売りに出ているという噂は1年も前から耳に入っていた。その噂を知らない社員は誰もいないと思う。オーナーは会社を売ってオカネをもらってハッピーリタイアかもしれ

ないが、我々従業員はボロ雑巾みたいに捨てられる」

どうも、会社の買収前から噂が流れていたのです。この点は前社長に尋ねても首を傾げるばかりでした。

当社としてはマンパワー拡大を期待していただけに、この結果が残念でなりません。もっと言葉多めに説明するべきだったと後悔しきりです。

第 6 部

Mergers and Acquisitions

子会社にした場合の賃金制度の見直し

その❶

買収後の選択肢 子会社化か吸収合併か？

M&Aで会社を買収した後で、その会社をどうするのか？　は悩ましい問題です。子会社化するのか吸収合併するのかについては、それぞれメリットとデメリットがあります。

労務管理という観点では、次のようになります。

子会社化のメリットは、親会社と労働条件が異なっていても別会社だから問題が生じにくいこと。例えば、

「A社は勤務時間が8時間」

「B社は勤務時間が7時間」

という違いがあっても別会社だからという理由で済まされるでしょう。

子会社化のデメリットは、社員間の融和が図れないこと。同じグループ企業なのに、

「うちはA社だ」

「うちはB社だ」

という縄張り意識が残るので、どうしても一体感が出ません。それから同じグループなのに就業規則がマチマチで労働条件が異なるというのは管理が面倒です。ましてグループ間で在籍出向や転籍出向をさせるとなると労働条件に差があるのでさらに面倒になります。

吸収合併のメリットは、文字通り1つの会社になるので、足し算もしくは掛け算を期待できマンパワーが拡大すること。

吸収合併のデメリットは、労働条件を統合すること。低い方に合わせるのは困難なので、良い方に合わせがち。そうなると人件費が上昇します。

子会社化か吸収合併か、経営判断の分かれるところですが、本書では実践論を両方とも紹介します。

その❷

ココがツボ！まず賃金未払いを解消

それでは、ここからは事例紹介とともに実践的な対応策を解説します。買収先が「労務管理ができていない卸売業」だったとします。


A社は、正規が20人、非正規が10人という規模。

就業規則は作成していません。

年間休日105日で、勤務時間は8時間（始業8時30分、休憩は12時から13時、終業17時30分）。

始業10分前から朝礼をしていました。

1年単位変形労働時間制を届け出していません。

36時間外協定を届け出していません。

タイムカードは使用せず、出勤簿には「出」「欠」というハンコのみ押させていたので、労働時間把握もできていません。
時間外手当は固定時間外手当でした。
雇入通知書を交付していません。

いかにも田舎の問屋さんという感じで、よくある事例だと思います。もしも、こんな会社を買収したら行うべき事項は山ほどあります。

考えられる手順としては、次のようになると思います。

1. 社員への挨拶
2. 社労士に依頼した労務デューデリの実施
3. 労働条件の「とりあえずの見直し案」の策定
4. 全社員への説明と個別説明の実施
5. 従業員代表の選出と就業規則の届け出および36時間外協定の届け出
6. 時間をかけて検討したうえでの「本格的見直し案」の策定（1年後か？）

第一声となる1の社員への挨拶ですが、このときは新社長がまだ労務管理の実態を把握できていないので一般的な挨拶しかできないと思います。その内容はこんな感じでいかがでしょうか？　傍線がキーワードです。

○○（株）のみなさんへ

日頃はお勤めご苦労さまです。

さて、急な報告となり恐縮ですが、私は○○（株）の○○社長から会社を譲り受けました○○と申します。私は本日付けで○○（株）の代表取締役社長に就任しました。前社長の○○氏は相談役としてしばらく在籍されます。

なにぶん急なことでしたので、私自身が当社の労務管理などを把握できておりませんが、これから社労士などの専門家に依頼して労務管理を診断していただき問題点を整理してまいります。新しい就業規則案ができましたら、またご説明の機会を設けます。

私としては、次のことを誓約します。

第一、○○（株）の全社員の雇用を維持すること。

第二、これまでの労働条件を守り、引き下げないこと。

なお、雇用を維持して待遇をさらに改善するには社業の発展が大前提となります。みなさんの一層のご協力と獅子奮迅のご活躍を期待しております。

◆社労士に依頼しての労務デューデリの実施

ここからは、前述した通り「しっかり労務デューデリ」をすることになります。個人情報に至るまで詳細なデータが手元にあるので微に入り細に入りチェックできます。例えばタイムカードと賃金明細を手にしながら、

「この社員の時間外手当の計算は間違っているのでは？」

などと社員１人ひとりをチェックします。

◆社労士に依頼しての新しい労働条件案の策定

「しっかり労務デューデリ」が済んだら、問題点を整理したうえでの新労働条件の策定に取り組みます。時間がありませんから、ここでは現状に大きな問題がない限りとりあえず労働条件を変更せず現在の労働条件を引き継ぐことをお勧めします。

Q　賃金水準をどうするか？

Q　休日数をどうするか？

などを議論していたら時間が経ちますので、それは後ほどじっくり腰を据えて議論することとします。

◆「辞められたくない！ とりあえずの対策」として行うべき実行策

何度も申しますが、会社を買収した経営者は「買収先の社員が辞めてしまわないか？」という不安を抱きます。しかし買収先の社員は逆に「辞めさせられるのではないか？」という不安な気持ちを抱くもの。そのように心理がまったく異なるのです。

買収先の社員は、神経質なまでにネガティブな受け止めをするもの。「仕事のやり方が変わる→自分たちは見下されている→辞めさせられる」という感じで過剰反応が起こりがち。ですから必要以上に変えないという姿勢が必要です。その上での対策を申し上げます。

◆実行案① 未払い賃金を発生させない工夫

先ほどは「ここでは現状に大きな問題がない限りとりあえず労働条件を変更せず現在の労働条件を引き継ぐことをお勧めします」と申しましたが、もしも賃金の未払いがあったとすれば問題ですので、ここは早期に見直しが必要だと思います。このケースでは、年間休日105日で、勤務時間は8時間（始業8時30分、休憩は12時から13時、終業17時30分）。

始業10分前から朝礼をしていました。

1年単位変形労働時間制を届け出していません。

36時間外協定を届け出していません。

時間外手当は固定時間外手当でした。


ということなので、労務管理の〝基本の基〟である賃金支払いそのものが適正とは言いがたい状況。

まず検討するまでもなくスグ直すのは、始業前朝礼の廃止。このような風習は会社を批判する側からすれば格好の攻撃材料になるので要注意です。

また固定時間外手当が曖昧な内容だったとしたら、そこも早急に見直しが必要になります。

そこで「固定時間外手当になっていて不足分を払っていないブラック企業」が「きちんと賃金精算するホワイト企業」に変身する賃金制度の見直しに関して具体的に申し上げます。

例えば、こんな賃金があったとします。

基本給18万円＋営業手当（固定時間外手当）２万円＝賃金総額20万円

このような社員がいたとしたら、会社にはどんな法的リスクが生じるでしょうか？
この人の残業時間が仮に月間30時間分あったとしたら、未払い時間外手当がいくらになると想像されますか？
社員が弁護士事務所に駆け込んで相談に行ったら、おそらく次のような請求額になります。

労働者側の考えられる主張
基礎賃金20万円÷１７０時間×１・25倍×30時間分×３年分＝１５８万８２３５円

注：月間の勤務時間が１７０時間だったと仮定して計算しました。
注：賃金時効は従前２年間でしたが、２０２０年４月以降の支払い賃金から３年になっています。

読者諸兄姉からは「おいおい、どうしてそんな計算になるの？」という疑問の声が聞こえそう。「それは、こうやって計算するのでは？」という向きもあることでしょう。

経営者側の考えられる反論
基本給18万円÷170時間×1・25倍×時間外30時間分×3年分＝142万9412円（ア）
固定時間外手当2万円×3年分＝72万円（イ）
本来の時間外手当（ア）－既払い額（イ）＝未払い時間外手当70万9412円

両論は立場の相違とはいえ大きな差があります。争いになったら、どちらが勝つでしょうか？　残念ながら労働者側の主張の方です。最大の問題は月額2万円の営業手当が時間外手当だと認められるか？　です。

固定時間外手当に関しては、使用者にとって厳しい判決がいくつも出ています。いわゆる「固定時間外手当」が労基法上の割増賃金だと認められるには、次の要件を満たさなければなりません。

就業規則などで、固定時間外手当に関する明確な規定があること。
固定時間外手当が何時間相当なのか従業員本人に知らされていること。
労働時間を把握していて、不足分があれば支払っていること。

つまり営業手当というだけで、何時間相当なのか従業員に知らせてもおらず不足分も精算していないようでは全面的に負けることは必至。

脅かすようですが、これだけではありません。労基法第114条には「付加金」という規定があります。それによると裁判所は悪質な場合は、倍額の支払い命令を出すことも可能。

(付加金の支払)
第114条　賃金を支払わなかつた使用者に対して、労働者の請求により、これらの規定により使用者が支払わなければならない金額についての未払金のほか、これと同一額の付加金の支払を命ずることができる。ただし、この請求は、違反のあつた時から五年以内にしなければならない。

A社のような事例は、そもそも労働法規を遵守する姿勢がうかがえないので〝悪質〟と判断される可能性大。

それではどうすればいいのでしょうか?

固定時間外手当の支払い方を見直せばいい。例えば、

基本給18万円÷170時間×1・25倍＝1324円

という計算式から、時間外手当は1時間あたり1324円だとわかります。

次に営業手当の2万円は何時間相当になるでしょうか？

営業手当2万円÷1324円＝15・11時間分

15分単位で切り上げれば、次のようになります。

1324円×15・15時間分＝2万58円

このように見直せば58円上がりますが、営業手当は月間15時間15分ぶんの時間外手当だと説明できるようになります。残業時間がこの時間内だったら未払い賃金はありません。超過した場合に不足分を払えばいい。

もちろん固定時間外手当は、賃金が上がれば時間外手当の単価も変わります。

誤差とも言えるような〝はした金〟を加算して払うことで労働法規を遵守する会社に変身

できます。

もちろん今後は労働時間の把握をきちんと行うことで、固定時間外手当の不足分が発生すれば時間外手当を払うことになります。

労働時間の把握に関しては、前述した通り（171ページ参照）、「労働時間の適正な把握のために使用者が講ずべき措置に関するガイドライン」というのがありますので、その遵守が必要。

◆実行案② 「労働条件の確認通知書」を交付する

労働基準法第15条により、使用者は労働条件通知書（雇入通知書）を労働者に交付することが義務になっています。しかし、実際にはこれができていない中小企業は少なくありません。

会社と社員にはどのような約束事があったのか？　後からもめないように再確認しましょう。確認事項は、

Q 正社員のAさんは借り上げ社宅に入っているが、自己負担額はいくらで、いつまで貸すのか？

Q 正社員のBさんは、採用時の経緯で特別手当を払っているが、いつまで払う約束に

なっているのか？

Q パートタイマーのCさんの雇用期間はいつからいつまでなのか？　あるいは無期雇用なのか？

Q 正社員の定年が60歳になっているが、非正規にもその定年が適用されるのか？

Q パートタイマーのDさんは70歳だが、いつまで雇用することになっているのか？

Q 5年超で、無期転換権を持つ人は誰か？

Q そもそも勤務時間や休日は明確になっているのか？

Q 非正規の雇用保険や健康保険、厚生年金の加入は適法か？

など山のようにあります。前オーナーに尋ねながら、また本人にも聞きながら現在の労働条件を確認するところから始めましょう。

それらを確認のうえであらためて書面を交付します。その書面は新規の雇い入れ時ならば「雇入通知書」という表題になりますが、この場合は既に入社していますので「労働条件の確認通知書」という表題の方がふさわしいと思います。

◆実行案③　従業員代表を選出する

就業規則などを労基署に届け出するには、従業員代表の選出が必要。前述したように（1

68ページ参照）、過半数代表者となることができる労働者の要件があります。選出方法にも定めがあります。もしも手続きを踏んでいないと36時間外協定が無効となる可能性も出てきますのでご注意ください。

◆実行案④　36時間外協定の届け出

残業がある場合は、労基署に36時間外協定の届け出が必要。もしも出していない場合は時間外手当を払っていたとしても〝違法残業〟になります。怖いのは過労死などが起きたとき。違法残業させていて、しかも長時間で36協定も出していなかったとなると事業主は書類送検されるでしょう。そうなると民事上の損害賠償も半端な額ではありません。

36時間外協定は過去に遡って届け出できませんので、一刻も早く届け出した方がいい。提出するのは事業所単位ですので、事業所が複数の場合はそれぞれで届け出します。

◆実行案⑤　1年以内単位変形労働時間制の届け出

この事例の会社は、1日の勤務時間が8時間で、年間休日数が105日とのことですが、それでも1年以内単位変形労働時間制の届け出をしていないようです。

ということは土曜日出勤があって週6日間の週もあるわけで、その土曜日は時間外ということになり時間外手当の支払い義務が生じます。

そんな問題を生じさせないためにも早急に1年以内単位変形労働時間制の届け出が必要。

◆実行案⑥　就業規則の届け出

就業規則は、従業員が10人以上の事業所ならば届け出義務があります。支店などがあって人数が10人以上ならば、そちらも提出義務があります。

◆実行案⑦　労働安全衛生法の遵守

労働安全衛生法は、仕事ごとに細かく決められていますので、その遵守が求められます。守るべきポイントが無数にあるのでここには列挙できませんが、前述したように（156ページ参照）、例えば次のようなチェックポイントになります。

Q 従業員50人以上の事業所は産業医、衛生管理者などを選任して労基署に報告しているか？

Q 業務請負形式で仕事を出している相手（例えば「傭車」）はいないか？　それが事実上の労働者になっていないか？

（注：傭車とは、自社の仕事を下請けの運送会社や個人事業主のドライバーに依頼することを言います。個人事業主に委託している場合は「労働者」なのか「外注」なのかが問題になりえます。）

◆社員説明会の開き方

新しい就業規則案ができたところで、全社員を集めた説明会を開催しましょう。その挨拶文および説明文を筆者が書くならば、こんな内容になります。筆者が考えるところでは、傍線を引いたところは外してはいけないキーワードとなります。

○○（株）の社員諸君へ

日頃はお勤めご苦労さまです。さて、私は当社の代表取締役に就任して以来3カ月が経ち、これまで新就業規則の策定に取り組んできました。社会保険労務士のご協力も得て骨子ができましたので、ここに説明します。

守りたいこと

当社は、前社長が社員の暮らしを守ることに努力を重ねてこられました。この雇用を守るという経営理念は今後も守りたい。雇用の安定は暮らしの安定につながりますので、社業を通じての地域社会への貢献に努めたい。

守らねばならないこと

法令遵守、つまりコンプライアンスは守らなければなりません。特に重要なのは毎月の賃金ですから、その未払いがあってはなりません。

そこで固定時間外手当を見直すこととしました。１・25倍で計算したうえで何時間相当なのか明確化して不足分を払います。

労働時間の把握方法も適法な形に改めます。

朝礼は始業と同時に行うように改めます。

残業する場合は、事前に上司の指示を受ける必要があります。

また、職場を見ていますと喫煙で席を離れる者も見受けますが、勤務時間中は禁煙となりますので厳守してください。

従来の労働条件を守る

毎月の基本給は暮らしの糧ですから保障することとし、従来の額が下がる人はいません。

諸手当に関してはとりあえず従来通りとしますが、なかには必要性が疑問なものがあったり、足りないと感じるものがあったりするので検討を重ねて参ります。

賞与はこれまで基本給をベースに支給されていたようですが、今後は業績連動型に切り替え貢献度を反映したものになりますので、あらかじめ申し上げます。新しい賞与の仕組みは後日説明しますが、前年実績を考慮することなく貢献度で決めていきます。

賃金制度の見直しはこれから

この会社の賃金制度は年功序列型の色彩が強い。この賃金制度はこれから時間をかけて見直し案を策定しますが、実力主義を徹底したい。貢献度を反映する仕組みに切り替えたい。

もちろん社員諸君の既得権を守りながら行います。

決まり次第またご説明します。

就業規則の策定

新しい就業規則は、社会保険労務士のご協力のもとで作成しました。これから従業員代表の意見書を添えたうえで地元の労基署に届け出します。

そのなかには「ハラスメント防止規程」も含まれており、ハラスメント行為を撲滅します。

大事にしたいこと

前社長は「和をもって尊しとなす」という精神で会社経営してこられました。私もその精神を引き継いで参りたい。

今後職務に精励のうえで社業の発展に貢献してくださるようにお願い申し上げます。

○年○月○日

○○（株）代表取締役社長　○○

このような説明会を開きますと、社員からいろいろな質問が寄せられます。次は想定問答集です。

Q うちの会社は休みが少ないと感じますが、改善の予定は？

A 確かに年間で105日というのは少ない方だと認識していますので、今後は増やす方向で検討したい。しかしながら大事なのは生産性の向上。社員1人あたりの粗利益は現在年間1000万円で、業界平均のなかでも低い。これを1100万円まで引き上げる目標で、その実現に協力してほしい。1人あたりの粗利益を引き上げれば、昇給や休日増も実現できます。

Q 年次有給休暇の消化率が低いと感じますが、取得率向上の取り組みは?

A まずは法令の遵守が大前提なので、最低でも5日以上は取得してほしい。取得率を上げるには、先ほども申し上げましたが多能工化などで役割の見直しをすることで、生産性の向上が必要となります。

◆個別説明会の開催

社員全体を集めた説明会の後で、社員を1人ずつ呼んでの個別説明会の開催まで行って社員の本音を引き出したいもの。その際には前述の「労働条件の確認通知書」を交付して後々に誤解の生じないようにしたい。

その❸

賃金見直し事例
卸売業（名古屋）が大阪の同業他社を買収へ

それでは、ここからじっくり腰を据えて行う賃金見直し事例を紹介しましょう。買収して1年以上先に実行する「しっかり検討したうえでの対策」です。

卸売業のA社（本社愛知県名古屋市）は、大阪の同業他社B社を買収しました。買収後は子会社にするので労働条件の統一は必要ありませんが、合わせられるところは共通にします。A社は社員70人、B社は社員20人の規模。そこで北見式賃金研究所に相談しました。

◆初任給が低くて若者が集まらない買収側企業

社長「大阪のB社を子会社にします。できるだけうちの会社（A社）の労働条件に揃えたいと思っています」

北見「AB両社の賃金データ、就業規則、求人票などを送ってくださりありがとうございました。買収する側のA社の労働条件に合わせたいとのことですが、私から見ると

A社の賃金制度にもやや問題があり、一概にA社に合わせればいいとは思えません」

社長「と、言いますと……」

北見「A社の賃金水準は全般的に見劣りしています。次のような手順で検討するのがいいと思います」

①A社の賃金制度を見直す。

↓

②B社の基本給および諸手当は、A社に合わせるところと、合わせられないところがあるが、可能なところから一本化する。

北見「そういうわけでA社の賃金制度の見直しから検討しましょう。まず初任給から教えてください」

社長「次の通りです」

A社の初任給（大卒）

基本給18万円
成果手当1万円
営業手当4万1185円（30時間分）
賃金総額23万1185円

北見「初任給が低いので、若年層の賃金水準が弱くなっていると感じます。愛知県の初任給の相場は、愛知県人事委員会の調査（2022年度　第15表）によると次の通りです」（本稿を執筆しているのは2023年8月で、役所が公表しているデータは2022年度が最新情報）

大卒　20万9162円

北見「なお北見式賃金研究所が独自調査のうえでお勧めしている愛知県の初任給（2024年度）は次の額です」

大卒　基本給　21万5000円

高卒　基本給　18万5000円

社長「北見式の方が高いのですか？」

北見「2年間という年次の差があります。急激に変化する時代では2年は大きな差になります」

社長「うちは初任給が低かったのですか？」

北見「A社の初任給に関して、私はこんな印象を抱きます。基本給と成果手当とを足すと所定内賃金は19万円なので、相場を大幅に下回っています。また、『成果手当』なるものが初任給に含まれていますが、そもそも新人に『成果』があるはずもなく意味がありません。その分だけ基本給が低くなっているので初任給の見た目を悪くしている」

社長「そういう見方もあるのですか！」

◆若手の低い賃金水準が高齢化の一因に

北見「A社は初任給が低いので、若手の賃金水準は全般的に弱い。そのせいもあってか若手が集まらず高齢化が進んでいて、社員70人のうち35歳以下の若手は次の人しかいません」

北見「この若手の賃金は表4、表5の通りになっています」

社長「低いのですか？ヨソと比べることができなかった」

北見「全般的に基本給が低い。個別に見ましてもこんな疑問が湧きます。伊藤さんは英語に堪能であること、大卒後

表4　A社の若手賃金表

(単位：円)

氏名	勤務地	職種	年齢	勤務年数	学歴	資格	役職	備考
伊藤	名古屋市	営業	30	8	大卒(文系)	TOEFL 90点	係長	英語に堪能で海外貿易のキーマン
加藤	名古屋市	営業	30	0	大卒(文系)	日商PC検定1級		
佐藤	名古屋市	営業	22	0	大卒(文系)			

表5　A社の見直し前の賃金

(単位：円)

	①	②	③	④	⑤	①～⑤計 ⑥	⑦	⑥～⑦ ⑧
氏名	基本給	役職手当	資格手当	家族手当	成果手当	所定内賃金	営業手当	賃金総額
伊藤	215,000	30,000	0	10,000	10,000	265,000	55,275	320,275
加藤	215,000	0	0		10,000	225,000	48,772	273,772
佐藤	180,000	0	0		10,000	190,000	41,185	231,185

勤続している30歳であることを考えると、賃金が低いと感じます。

また、伊藤さんが『30歳　8年勤務』で、加藤さんが『30歳　0年勤務』であるのに基本給が同額になっていますね。言ってみれば『勤続給』がないということになります。これでは伊藤さんが『割に合わない』と思いかねません。基本給を決める賃金表がないからこうなるんです。

佐藤さんは基本給が18万円しかなくて、所定内賃金も19万円しかありませんね。ところで残業は多いんでしょうか？」

社長「いいえ、1日1時間の残業もしていない」

北見「それならなぜ、固定残業代が大きいのですか？　営業手当は30時間分払っていますが、勤務実態はそこまで遅く残っていないのであれば営業手当を減らして基本給を引き上げた方がいい」

社長「なるほど、そうですか、私も気になっていました」

北見「ヒアリングさせていただいた結果、労務デューデリには次のように記載しました。

・基本給を決める賃金表は以前経営コンサルタントに作成してもらったが、合わないので使用していなかった。よって基本給を決める賃金表がない

・成果手当は社長が『成果』を査定して決めるとなっていたが、実際には『調整手

当』のような存在になっていた

・年間休日数は105日になっているが、求人を考慮すれば最低でも110日は必要

・勤務時間は始業8時30分、終業17時30分

・時間外手当は『営業手当』という名称で月間30時間分を固定で払っている。時間外は人によるが、大半の人は18時30分までに退社している

・勤務時間はタイムカードで管理している」

社長「大きな問題は休日数ですか？」

北見「はい、年間休日105日は下位ランクです」

社長「そうでしたか！」

◆若手が集まるように賃金制度を見直す

北見「若手が集まるように賃金制度を見直すべき。そのポイントは次です。

・固定時間外手当は30時間分になっているが、実態は20時間程度なら20時間分に減らし、基本給を上げる

・成果手当など意味のない手当は廃止する

・賃金表を作って基本給を合理的に決める
・資格手当を作って資格取得を促す」

社長「具体的には？」

北見「私なら、次のように提案します（表6）」

社長「この『年齢給』『勤続給』『査定給』とは？」

北見「北見式賃金研究所の提案する基本給は次のような構成になっています。
・年齢給＝中途採用者の賃金相場を調べて、それに合わせています。35歳までは2000円程度の昇給があり

表6　賃金表の提案例

（単位：円）

	⑨	⑩	⑪	⑨〜⑪ ⑫	②	⑬	④
氏名	年齢給	勤続給	査定給	基本給	役職手当	資格手当	家族手当
伊藤	231,000	8,000	18,000	257,000	30,000	15,000	10,000
加藤	231,000	0	0	231,000	0	15,000	
佐藤	215,000	0	0	215,000	0		

	⑫②⑬④ ⑭	⑮	⑯	⑯－⑧ ⑰
氏名	所定内賃金	営業手当	賃金総額	差額
伊藤	312,000	43,642	355,642	35,367
加藤	246,000	35,549	281,549	7,777
佐藤	215,000	31,069	246,069	14,884
				58,029

ます

・勤続給＝年1000円ずつの昇給があります。10年限り

・査定給＝人事考課ABCの結果で決まります。ここではB（通知票の3）だった

という前提です」

社長「もっと具体的に教えてください」

北見「北見式賃金研究所の『2024年度　愛知県版　大卒賃金表』を基にしました。伊藤さん、加藤さん、佐藤さんという3人の年齢給は年齢で、勤続給は勤続年数でこうなります。査定給は仮に全員が査定B（通知票の3）だったという前提です」

◆資格手当を設けて勉強を奨励する

社長「資格手当というのは？」

北見「これまではありませんでしたので、新設をお勧めしています。たまたま伊藤さんがTOEFL90点、加藤さんが日商PC検定1級でしたので、

TOEFLに1万5000円（点数によって額は異なる）

日商PC検定1級に1万5000円

という単価を設定しました。他の資格にも手当を付けるのをお勧めします」

社長「このような手当は付けたかった。特に英語とパソコンは当社でも重要になっていま
す」

北見「イマドキの職務能力は特にパソコンに左右されます」

◆固定時間外手当は労働実態に合わせて減額する

社長「固定時間外手当の営業手当は額が従来より小さくなっていますね」

北見「労働実態に合わせて月間20時間分を設定しました。18時30分までの退社を徹底した
うえで超過分は別に支給します」

社長「わかりましたが、これで人件費はどうなるのか?」

北見「⑰が見直し前の賃金との差額です。

伊藤	3万5367円
加藤	7777円
佐藤	1万4884円
合計	5万8029円

　つまり月額5万8029円の12倍が年間の人件費増になります」
社長「思ったよりも小さな額ですね」
北見「貴社は35歳以下が少人数なので大きなコストアップにはなりません」

◆新賃金表は若手のみ提供して人件費上昇を抑える

社長「しかし35歳超の社員もいるので、全社的には大きなコストアップになるのでしょう?」
北見「資格手当は該当者全員につけてください。営業手当は全員20時間分に揃えてください。基本給は営業手当を減らした分を入れ込んで大きくしてください。

基本給＋営業手当（減額分）＝新基本給

　という方程式です」
社長「先ほどの北見式賃金表は全員に導入するのでしょう?」
北見「いいえ、35歳以下のみで結構。35歳超は基本的に見直し前と変わらない額としますが、逆転しないように個別に調整するだけでいい」

社長「個別に調整とは？」

北見「35歳超の人のなかで著しく低い者のみを見直します」

社長「それなら人件費上昇を最小に抑制できるのでありがたい」

◆競争力のある初任給を実現へ

北見「２０２４年度の大卒初任給は次のようになります。

A社の初任給（大卒）　見直し後
基本給21万５０００円　営業手当（20時間分）３万１０６９円　総額24万６０６９円

見直し前の初任給は次のようでしたので、一変しましたでしょ？」

A社の初任給（大卒）
基本給18万円
成果手当１万円
営業手当４万１１８５円（30時間分）

賃金総額23万1185円

社長「見た目がまるで違う。24万円という額は魅力があります」
北見「これなら競争力があります」
社長「ところで現在求人していて、応募者が来るのですが、初任給はいくらに提示すればいいですか？」
北見「どんな方ですか？」
社長「大卒で、30歳です。お子さんは1人いるようです」
北見「資格などは？」
社長「日商PC検定1級をお持ちなのでパソコンが得意なようです」
北見「北見式賃金研究所の『2024年度　愛知県版　大卒賃金表』では、次のようになります。

・基本給は大卒総合職で30歳ということなので、23万1000円
・資格手当は日商PC検定1級をお持ちなら1万5000円
・子供手当は1人なら1万円
・営業手当が20時間分ということならば3万5549円

ということで、合計29万1549円です」
社長「基本給はどんな根拠で決まっているのですか？」
北見「北見式賃金研究所は勤務年数別の賃金調査を行っていて、そのなかに『勤務年数0年』というのがあり、それが中途採用の初任給相場です。年齢給は、その中途採用初任給に合わせる形で設定されています。ですから、年齢給の金額さえ見れば、中途採用者の初任給は一発決定となります」
社長「自信を持って提示できるということですね」
北見「はい」

◆子会社にするB社も高齢化していた

社長「それで子会社になるB社の方はどうなるのか？」
北見「B社の方も高齢化していて35歳以下の若手が2人しかいません。
そして2人の賃金はこうでした（表7、表8）」

表7　子会社の若手一覧

（単位：円）

氏名	勤務地	職種	年齢	勤務年数	学歴	資格	役職	備考
近藤	大阪市	営業	29	5	大卒（文系）	日商PC検定 1級	主任	パソコンに強いので、職場で頼られている
遠藤	大阪市	営業	29	0	大卒（文系）			

◆賃金水準は低いが時短の進んだB社

社長「賃金水準はどうか？」

北見「全般的に低い印象は否めません。またヒアリングの結果、デューデリには次のように記述しました。

・新卒を採用していないので、新卒初任給が決まっていなかった

・基本給を決定する賃金表がなかった

・職務手当は全員一律に1万円だった

・家族手当は子供1人につき2万円だった

・年間休日は120日だった

・勤務時間は始業8時30分、終業17時30分だった

・全員が17時30分に退社していた

私は時短の進んでいる会社だと感心しました。休日が120日もあって、全員が定時に帰っているところが凄いなと思いました。また子供手当が1人につき2万円とは、高いと思いました。職務手当は全員一律で

表8　子会社の見直し前の賃金

(単位：円)

氏名	① 基本給	② 役職手当	③ 職務手当	④ 子供手当	①～④ ⑤ 所定内賃金	⑥ 賃金総額
近藤	215,000	10,000	10,000	20,000	255,000	255,000
遠藤	215,000	0	10,000	0	225,000	225,000

1万円とのことで、あまり意味がないと感じました」

社長「休日120日で、定時退社とは凄いね。うちの会社（A社）よりも上」

北見「本件は吸収合併せずに子会社として残すわけですから、労働条件を統一する必要がないので、次のような対策で結構だと思います」

◆子会社の良いところは今後も変えず

B社は、固定時間外手当の営業手当はなし。時間外はやった分を支払う。
B社は、子供手当が親会社よりも金額が高いが、そのまま継続。
年間休日は親会社が105日、子会社が120日だが、そのまま継続。（親会社は今後増やす必要あり）

社長「M&Aの際に『労働条件は守る』と約束しましたから、その方が話しやすい」

◆新賃金表は子会社でも導入

北見「子会社も若手の賃金が低く、それも一因して高齢化が進んでいますので、基本給を見直す提案をします」

北見「賃金表はA社（2024年度　愛知県版　大卒賃金表）と同じものを採用しました。大阪との違いは小さいので、賃金表は1本の方がいいと思います」

社長「人件費のアップは？」

北見「2人しかいませんので、合計で月額2万3000円です（⑭）」

社長「しかし、35歳超はどうなるのか？」

北見「基本的に変えません」

社長「しかし、個別にバランスを配慮する必要がありますよね？」

北見「はい。調整は必要です」

表9　子会社の見直し後の賃金

(単位：円)

	⑦	⑧	⑨	⑦〜⑨ ⑩	⑪	⑫	⑩〜⑫ ⑬	⑬－⑤ ⑭
氏名	年齢給	勤続給	査定給	基本給	役職手当	家族手当	所定内賃金	差額
近藤	229,000	5,000	10,000	244,000	10,000	20,000	274,000	19,000
遠藤	229,000	0	0	229,000	0	0	229,000	4,000
								23,000

◆親会社と子会社の労働条件の差異を整理する

北見「両社の違いを整理するとこうなります」

年間休日は、親会社105日、子会社120日。
基本給の賃金表は、同じ。
資格手当は、親会社のみ支給。子会社もいずれ支給する。
子供手当は、親会社が1人につき1万円、子会社は2万円。
営業手当は、親会社は20時間分、子会社は支給せず。

北見「このように差異がありますが、別の会社だから違っていても問題ありません」

この「賃金見直し事例　卸売業（名古屋）が大阪の同業他社を買収へ」は筆者がインターネットで動画を使って解説しています。
ご試聴にはパスワードが必要です。パスワードは「vK35A」。

その❹

賃金見直し事例
新規事業で老人介護会社（東京都）を買収へ

A社（本社東京）は新規事業を検討していたところ、訪問介護の会社B社（本社東京）が売りに出ていたので買収しました。

B社の企業規模は正社員20人、パートタイマー30人。買収にあたりデューデリをしませんでした。

というわけで、A社の社長は買収した後で初めてB社の労務管理の実態を知りました。人数は事前に聞いていた通りでしたが、A社の社長が驚いたのは定着率の低さです。正社員でも平均勤続年数が1年しかなく最も長い人でも3年でした。

（これで、よくやってきた！）

というのがA社の社長の率直な印象。

正社員の職種は、訪問介護士、訪問看護師、ケアマネジャー、事務などがありました。1日の勤務時間は8時間で、休憩1時間。1年以内単位変形労働時間制を採用していて年間休日は105日。

A社の社長は今後の見直しを検討するため北見式賃金研究所に相談を依頼しました。

◆求人票を見る

北見「ハローワークに出している求人票を見せてください」
社長「コレです」
北見「介護とかは求人難だと思いますが、応募者が集まりますか?」
社長「いえ、採用が困難になる一方だそう」
北見「休日が105日ですか? おそらく介護業界でも少ない方だと思います」
社長「休日は何日ほど必要でしょうか?」
北見「年間110日以上だと思います」
社長「やっぱり……」
北見「初任給は?」
社長「介護職の初任給は、こうなっています(求人票を見せながら)」

基本給(a)13万円+職務手当(b)4万円+処遇改善加算(b)1万円+勤務手当

（c）４万円で合計22万円
勤務手当は時間外労働の有無にかかわらず、固定時間外手当として支給し、月間23時間を超える時間外労働分は法定通り追加で支給。

北見「この職務手当４万円というのは、どんな手当ですか?」
社長「職種ごとに金額が決まっていて、一番低い介護職の場合で４万円となっているようです」
北見「ということは、言ってみれば職種手当ですね」
社長「はい」
北見「この処遇改善加算とは、国から給付されるオカネですか?」
社長「はい、介護職の処遇を改善するために国が給付してくださるオカネです」
北見「この勤務手当とは時間外手当なのですか?」
社長「月間23時間分となっているようです」
北見「実際に残業しているのですか?」
社長「いいえ、ほとんどの日は定時で帰っていますが、稀に遅くなるのでそれに対応するため支給しているそうです」

◆実際の賃金明細を見る

北見「実際の賃金明細を見せてください。一番新しい社員のを見せてください」

社長「X子さんが新入社員です」

基本給	13万円
職務手当	4万円
資格手当	0円
処遇改善加算	1万円
勤務手当	4万円
賃金総額	22万円

北見「このX子さんは資格がないのですね」

社長「はい」

北見「ではX子さんの先輩のを見せてください」

社長「W子さんは1年先輩」

基本給	13万円
職務手当	4万円
業務手当	3000円
資格手当	0円
処遇改善加算	1万円
勤務手当	4万円
賃金総額	22万3000円

北見「W子さんと同時に入った人がいますか？」

社長「Z子さんは同期入社です」

基本給	13万円
職務手当	4万円
業務手当	0円
資格手当	3000円
処遇改善加算	1万円

勤務手当　4万円
賃金総額　22万3000円

北見「W子さんとZ子さんは、資格は？」
社長「2人ともヘルパー2級を取得しました」
北見「では、W子さんはなぜ資格手当がないのですか？」
社長「わかりませんが、W子さんは代わりに業務手当が3000円ついています」
北見「しかし、賃金規程には業務手当というのが載っていません。それは何ですか？」
社長「調整手当のようなものらしい」
北見「賃金明細は社員から見てわかりやすいことが必要。人によってマチマチというのがよくない。賃金規程で定められた通りに運用するべきです」
社長「はい」
北見「1年勤続したことに対する昇給はどこに反映したのですか？」
社長「1年経ったから昇給するというルールがありませんので、それを作りたい」
北見「承りました。確かにこれでは先の昇給が読めませんね。勤続奨励になるように何をしたら賃金が増えるのかわかりやすくするべきです」

◆募集条件を見直す

北見「それでは募集条件を見直す案を作りましょう。まず休日が、年間休日105日というのは、東京都の介護業界では最下位に近い」

社長「その根拠は？」

北見「ハローワークのインターネットサービス。そこで『東京都　正社員　介護』で検索すると、それよりも多いところが大半です」

社長「休日数を調べられるのですか？」

北見「はい。相場を考慮すると最低でも110日は必要で、1日8時間勤務（休憩1時間）年間休日110日ぐらいないと、求人の土俵に立てません」

社長「求人の土俵？」

北見「私は求人の土俵という表現を使います。引き立て役では意味がありません」

社長「はい」

北見「それから初任給が問題。ハローワークの求人票はこの（a）という表示になっているのは基本給。（b）となっているのは定期的に支払われる手当。（c）となっているのは固定時間外手当。貴社の初任給は、次の通りです」

基本給（a）13万円＋職務手当（b）4万円＋処遇改善加算（b）1万円＋勤務手当（c）4万円で合計22万円

勤務手当は時間外労働の有無にかかわらず、固定時間外手当として支給し、月間23時間を超える時間外労働分は法定通り追加で支給。

北見「基本給が13万円というのは、あまりにも低くてマイナスイメージしかありません」
社長「はい。そこは気にしていました」
北見「それから職務手当ですが、これは職種手当であって一番賃金の低い介護職でも4万円だとすれば、その4万円は意味がない」
社長「はい。事実上の基本給だと思います」
北見「それから勤務手当という手当もありますが、意味の不明な名称の手当が時間外手当なのだという賃金体系はいかにも何時間でも働かせるというブラック企業をイメージさせます」
社長「はい、そこも気になっていました」
北見「その残業も実際にはやっていないというではないですか！　それなら必要ありません」

社長「では初任給は結局どうすればいいのでしょうか?」
北見「筆者流に作れば次の通りです」

基本給	21万円
資格手当	
処遇改善加算	1万円
賃金総額	22万円

社長「随分違いますね。基本給21万円とは!」
北見「21万円なら東京でも大卒初任給並みです」
社長「時間外手当はどうでしょうか?」
北見「固定時間外手当ではなく、やった分を払いましょう」

◆入社後の昇給

社長「入社後の昇給は、どのように行えばいいでしょうか?」
北見「頑張って勤続すれば賃金が上がるというイメージを社員に持たせたい。そのために大事なのはわかりやすい賃金明細。次にお見せするのは入社2年目の社員の賃金明細です。

ご注目いただきたいのは『勤続手当』です。勤続手当は1年につき2000円ほどでいいかと思います。このように将来の賃金を〝見える化〟するところが勤続奨励対策です」

基本給	21万円
勤続手当	2000円
スマイル手当	2000円
役職手当	
資格手当	2000円
処遇改善加算	1万円
賃金総額	22万6000円

社長「しかし、勤務姿勢が良くなくても1年経てば上がるのでしょうか?」

北見「大半の社員は今後も勤務をしてほしい人です。その人たちに勤続することのメリットを賃金明細で伝えたい。定着率に問題がある職場ですので、あえて勤続手当という名前の手当を設けたい」

社長「スマイル手当とは？」

北見「スマイルを保ちながら働いてくれたらスマイル手当を増額します、という意味の手当です。例えば2年目2000円、3年目4000円、4年目6000円という感じで昇給します。前述の勤続手当とスマイル手当の合計がいわゆる定期昇給（定昇）に該当します」

社長「スマイル手当なんて聞いたことがありません」

北見「私の発明品です。介護職に一番必要なのはスマイルですから」

社長「初めて聞きましたが、介護職には合っています」

北見「役職手当は文字通り。主任（5000円）や係長（1万円）など、職位ごとに手当額を決めてください」

社長「資格手当は？」

北見「介護や看護には法で定められた資格がありますから、そのランクに応じて手当額を決めてください。この例では『ヘルパー2級　2000円』となっています」

社長「資格の取得奨励はやりたいですね」

北見「役職手当および資格手当は、それを総称して努力給と呼んでいます。努力で勝ち取るものです」

社長「大変いいが、人件費が上がりませんか？」

北見「勤続年数が短いと、必ずしも人件費は上がりません。例えば21万円の初任給の人が年に1万円ずつ昇給し、3年で退職したとします。賃金は21万円（入社時）↓22万円（2年目）↓23万円（退職時）↓21万円（入社時）となりますので、グルグル回っているだけです」

社長「確かに言われてみれば」

北見「これで会社が求める要素ごとにオカネがつくことになります」

勤続奨励↓	勤続手当
勤務姿勢↓	スマイル手当
リーダーシップ↓	役職手当
勉強奨励↓	資格手当

社長「なるほど目標がハッキリしていますね」

◆無駄な求人コストを減らす

北見「ところで募集費用は昨年いくらかかりましたか？」

社長「ネットの求人サイトに年間３００万円、それから職業紹介所に年間７００万円（１人１００万円×７人）かかり、合計１０００万円だったそうです」

北見「一番虚しいのは、その募集費用です。定着を良くして募集費用を減らしてください。昇給や賞与に回せたら、みなさん喜びます」

その5　賃金見直し事例　建築業（東京都）が大阪の同業他社を買収へ

建築業のA社（本社東京）は、大阪市内の同業他社のB社を買収し子会社化することになりました。目的は人材獲得。社員が70人いるA社ですが、近年の求人難が深刻化する一方で人材確保は何よりも課題です。吸収合併するにあたり北見式賃金研究所に相談を持ち掛けました。

◆定着に問題があるB社

北見「M&Aの成立おめでとうございます」

社長「これで20人という社員が増えたので大いに仕事ができそう」

北見「賃金データや就業規則、求人票を送っていただきありがとうございます」

社長「賃金などをご覧いただいて、いかがですか」

北見「A社に関しては社員の定着が良いし、賃金水準も申し分ないと感じました。B社の方はいろいろと課題がありそうです」

社長「と、申しますと」

北見「B社の社員は20人で、その年齢別内訳は10代・20代が4人、30代が10人、40代が2人、50代が2人、60代が2人となっています。しかし勤務年数が5年以内の人が半分以上なので、定着率には『?』がつきます」

社長「そうです。彼らが定着してくれるかどうかが問題です」

北見「入社数年の若手が定着してくれるように取り組みましょう」

社長「人材育成こそが最重要課題です」

北見「その人材育成ですが、B社は有資格者が少ない。1級建築士が1人、2級建築士が3人、1級建築施工管理技士が1人、2級建築施工管理技士が4人で、社員が20人いることを考慮すれば少ない。A社は社員の大半が2級資格者であることを考えると、B社の方は人材育成が課題です」

社長「その通りですね」

◆魅力に乏しい求人票

北見「B社の求人票は、次のようになっています」

職種　建築現場監督職
賃金形態　日給
基本給（a）18万円（月間平均額。就労日数によって異なる）
資格手当（b）5000円以上（2級建築施工管理技士の場合）
職務手当（c）5万円
（a＋b＋c）23万円以上
職務手当は時間外労働の有無にかかわらず固定的に支給される月間35時間分の固定残業

代で、超過分は法定通り追加で支給される。
【その他の手当等付記事項（d）】
皆勤手当（d）2万円
子供手当（d）1人につき1万円

北見「ハローワークの求人票は賃金を記載するルールが細かく決められていて、（a基本給）（b定額的に支払われる手当）（c固定残業代）（dその他の手当）となっています。皆勤手当が2万円と大きいが、それは『その他の手当』にしかなりません。無資格者・未経験者がこれを見ると、こんな印象を持つのではないでしょうか？
・日給制なんてバイトみたい
・基本給18万円か、高卒並みだな
・職務手当が残業代なんだって！　どうせ不足分もまともに払わないブラック企業なんだろう
・皆勤手当2万円か！　1分でも遅刻したらカットされるのだろう
このように一言で申し上げれば魅力の乏しい求人票です」
社長「そう思われますか！」

◆募集条件の見直し

北見「まず賃金形態ですが、Ｂ社は日給制ですよね。ココどうされますか？」
社長「うちの会社（Ａ社）と同じ日給月給に切り替えたい」
北見「賛成。その方が暮らしが安定します。日給制では夏期や冬期に賃金が下がるので不安定です」
社長「ごもっとも」
北見「次に手当を整理してみましょう。皆勤手当は２万円となっています。これが初任給の見た目を損なっています」
社長「うちの会社（Ａ社）は皆勤手当がないので、それは基本給に含めたい」
北見「賛成です。皆勤手当を含めれば基本給20万円になります。それでも、あと少し足りません。大阪府人事委員会の調査によると２０２２年の民間企業の初任給は大卒21万６０００円、高卒17万８０００円になっています（２０２３年８月時点での最新情報）。また、北見式賃金研究所が独自調査のうえで２０２４年の大阪府の初任給として提案しているのは大卒21万８０００円、高卒18万８０００円。
　Ｂ社の社員は高卒者が多いので、高卒者に大卒並みの賃金を出せば喜ばれます」
社長「ということは、結局どうすればよいでしょうか？」

北見「基本給21万8000円が私の提案です」
社長「わかりました」
北見「次に固定残業代の職務手当5万円ですが、これは計算根拠も不明なので、いわゆる定額働かせ放題のブラック企業に見えます」
社長「うちの会社（A社）は固定残業代を以前採用していましたが、廃止してやった分に切り替えました。職務手当を廃止してやった分に切り替えたい。しかし、不利益変更になりませんか？」
北見「当分の間は5万円を保障しながら、半年後からやった分に切り替えればいいと思います」
社長「わかりました」

◆新しい募集条件

北見「募集条件を見直した新しい求人票は、次のようになります」

職種　建築現場監督職
賃金形態　月給

基本給（a）21万8000円
資格手当（b）5000円以上（2級建築管理技士の場合）
固定残業代　なし（やった分を支給）
（a＋b＋c）21万8000円以上（資格が無い場合）
【その他の手当等付記事項（d）】
子供手当（d）1人につき1万円

北見「そして『求人に関する特記事項』という欄がありますので、次のように記載されるといいでしょう」

30歳未経験者の事例
基本給23万2000円＋子供手当1万円＋時間外手当5万1176円＝29万3176円
（注：月間30時間の時間外があった場合。子供が1人だった場合）

北見「このように総額でいくらになるのか示すことがポイントです」
社長「その基本給23万2000円というのは、どこから来たのですか？」

北見「北見式賃金研究所の『大阪府版　大卒モデル賃金表（２０２４年度）』です。中途採用者の相場を独自に調べたうえでの提案です」

社長「総額で30万円近くもらえるなら納得する人もいそうですね」

◆奨学金返還補助手当を採用のウリに

社長「他と差別化できるような方策はありませんか？」

北見「奨学金返還補助手当などはいかがですか？」

社長「何ですか、それ？」

北見「イマドキは大学生の半数が奨学金を借りていて、その額も平均３００万円になっています。その返済は大変で社会問題になっています。会社が返済の一部を負担するというもの」

社長「具体的には？」

北見「仮に奨学金が３００万円残っていたとします。半分は本人が返すこととし、残り半分を会社が補助します。１５０万円を10年分割で補助するので、1年あたり15万円ずつ社員にカンパします。このおかげで入社10年にして晴れて無借金の身になるというわけです」

社長「そのオカネはいつ払うのでしょう」

北見「賞与時です。賞与の明細には『特別加算』という欄を設けて、そこに載せます。賞与の面談時に、その人に対して社長がこう言うのです。

『よく頑張ってくれたね。これで奨学金を返す足しにしてくれ』」

社長「恩義を感じてくれるでしょうか？」

北見「もちろんでしょう」

社長「辞めてしまったら、そのオカネは？」

北見「縁がなかったと諦めてください」

資格手当の拡充を

北見「B社の社員は、有資格者が少ないですね。資格取得を促すために資格手当を拡充しましょう。A社の資格手当は充実しているので、それをそのまま適用すればいいと思います」

社長「わかりました」

こんなはずでは！
事例⑯（広島県・不動産会社）主要メンバーが大量退職へ

私は広島県で建設業を営んでいますが、同じ県の不動産販売会社を買収しました。買収額は2億円でしたが、買収後に専門家に監査してもらったところ「本来なら1億円もしない」という評価結果でした。

買収先は収益が悪化して、そのせいで当社の資金繰りも厳しくなりました。私は、買収先の収益力向上のため、買収から3カ月後に賃金制度の見直しに着手しました。基本給を引き下げて歩合給のウエートを高めて、成果主義を打ち出したのです。

賃金制度の説明会を開く社員の顔は冴えませんでした。私が、

「成果を上げれば以前の倍の給料になる」

と強調しましたが、みな私の方を見ずに目をそらします。私が、

「なにか質問は？」

と求めましたが、シーンとするばかり。そして改定後の初の賃金支給日になって職場がざわつきました。賃金明細をもらった社員が互いに見せ合ってヒソヒソ話。

それからしばらくして退職届を出す人がパラパラいました。いずれも営業を担うキーマンでした。私は面談して、なぜ辞めるのかと問いました。

「給料が一方的に減らされた」

「Ｍ＆Ａについて事前に知らされていなかった」

「前の社長についてきた」

などと、これまでの不満が噴出したのです。キーマンが去ると、後から後から一般社員も辞め出しました。

ヒトがほしくて買収したにもかかわらず結局空っぽの会社を買収してしまいました。今から思えば、賃金というデリケートな問題にもっと慎重であるべきでした。幹部とも協議しながら納得を得てから進めるべきでした。

この「こんなはずでは！　主要メンバーが大量退職へ」は筆者がインターネットで動画を使って解説しています。パスワードは不要です。

こんなはずでは！
事例⑰（奈良県・建設会社）主要メンバーから退職の申し出

私は、建設会社（株式上場企業）の営業担当の専務です。奈良県の同業他社を買収するにあたり責任者になりました。

株式譲渡契約を無事終えて、直後に双方の社長による社員説明会を開催しました。それから2カ月経過後、主要メンバーから退職の申し出がありました。

前社長は技術畑で、自社の規模が拡大するにつれ自分のやりたいことに専念できなくなってきたということで仲介業者を介して会社を売却しました。

それまでは営業、企画などの各部門長に権限が渡されていて、比較的自由に運営されてきたようです。しかし当社は上場企業ですので内部統制、決算の早期化など上場会社の基準を導入しました。それが反発を招きました。

私は慰留しようと面談しましたが、彼らは、

「前の社長は、富裕層向けの注文住宅に特化してこられた。我々は、社長から任されて好きなように仕事をさせてもらえた。前社長の経営は確かに収益性という点では多少問題が

あったかもしれないが、我々社員にとっては楽しい仕事だった」

「今の会社は、内部統制ということで決裁を得るのに時間がかかってやりにくい。建て売り住宅ばかり担当させられるが、正直面白くない」

などと本音を吐露してくださった。

当社は上場企業であり、買収先は未上場の中小企業です。当社のグループに入れば経営が安定して、社員にも喜んでいただけるものと期待していましたが、結果はそうなりませんでした。

人間の気持ちは計り知れないものです。

こんなはずでは！
事例⑱（大阪府・繊維問屋）子会社の役員に対して「報酬ルール」を作るべきだった

私は本業が大阪の繊維問屋ですが、M&Aにより5社を買収しました。

当社の社内には人材がいませんでしたので、人材紹介所にも依頼して役員クラスの人物をスカウトして、その方々を子会社の役員として送りました。

ところが新型コロナウイルス感染症のせいもあって会社を取り巻く環境が激変し、子会社のなかには大赤字に転落するところが出ました。親会社である当社の業績も急落。

当社は、業績悪化に伴い親会社の役員はみな減俸になりましたので、子会社の役員にも減俸を告げました。ところが子会社の役員陣のなかには「話が違う」と納得しない人もいました。人材紹介所から紹介された際に「年俸で契約している」と譲らないのです。その子会社の社長の役員報酬は月額130万円です。そのせいで、減俸を受け入れない役員は減俸せず従来のままという扱いになりました。

当社は、役員報酬を決めるルールがないのでオーナーの胸三寸で決めていましたが、それがドンブリ勘定だったと反省しています。これからは報酬が上がる基準、下がる基準をあらかじめ決めておき業績連動型に見直します。

こんなはずでは!
事例⑲(千葉県・老人保健施設)「給料を上げてくれなければ辞める」と施設長が脅迫

私は大阪で衣料品の卸売会社を経営していますが、千葉県の老人保健施設を運営するA社を買収しました。まったく異なる業種への進出でした。

買収して次々に想像もしていなかった困った問題に直面しました。なかでも苦労しているのは労務管理です。

つい先日もこんなことがありました。施設長が賃金を上げてほしいと頼んできたのです。

「M＆Aの後で退職者が相次いだので、私の仕事の負荷が大きくなった。給料を最低でも20万円増やしてほしい。できないなら退職する」

というのです。その施設長は看護師資格があって、彼女がいないと運営できなくなるようなキーウーマン。65歳。

私は、どう返事をしたものかと困りました。施設長の賃金は現在45万円であり、親会社の幹部と比較しても低くありません。いくらなんでも20万円も引き上げるなんて考えられません。代わりになる人物はいませんので、彼女は当社の足もとを見ているのです。

当社は10万円増の55万円という金額で交渉して、そこで一応妥結しました。

しかし、彼女のことですから、いつまた引き上げを要求してくるかわかりません。

老人保健施設は介護士、機能訓練指導員、看護師など資格の必要な職種があって、どれも深刻な求人難です。人の問題はこれからも頭痛の種になりそうです。

第 7 部

Mergers and Acquisitions

吸収合併した場合の賃金制度の見直し

その❶ 労働条件を一本化して統合する難しさ

ここまでは買収した会社を子会社にする前提で対策を申し上げましたが、ここからは吸収合併するという前提で対策を述べます。

吸収合併は、１つの会社にするわけですから、労働条件を一本化して統合する必要があります。それには次のようなステップを踏むことになります。

◆実行案① 両社の違いを一覧表にして見る

まず労働条件の違いを一覧表にするところから始めましょう。次のような観点が考えられます。

Q 勤務時間は？

Q 休日数は？

Q 冠婚葬祭などの特別休暇は？

Q 年休の付与の仕方は？　入社基準日方式か？　統一基準日方式か？
Q 労働時間の把握方法は？
Q 残業の申請方法は？
Q 賃金の締めと支払日は？
Q 諸手当の支給基準は？
Q 基本給の決め方は？
Q 賃金表の有無は？
Q 賞与の評価機関と支給日は？
Q 退職金の計算方法は？
Q 退職金の社外準備は？
Q 慶弔金は？
Q 出張旅費規程は？
Q 借り上げ社宅規程は？

など挙げ出したらキリがないでしょうね。

違いの一覧表を見ながら、比較的容易に統一できそうなものはスグ実行します。例えば特別休暇とか慶弔金とか、旅費規程などは真っ先に統一できそうですね。

◆実行案② 統一しても問題ないものから統一する

◆実行案③ 賃金の締めと支払日を同じにする

賃金の締めと支払日は、統一するのがいいと思います。例えばこんな感じです。

> 買収した側の会社は、当月15日で締めて、当月末日支払い
> 吸収合併される側の会社は、当月20日で締めて、当月末日支払い

このケースは、吸収合併される側の会社が「当月15日で締めて、当月末日支払い」に切り替えればいい。吸収合併される側の会社の賃金は5日分を日割りカットして揃えるので、その月だけ賃金が減る点が要注意。社員には前もって通知する必要があります。例えば賞与支払いとセットにするのも検討した方がいいでしょう。

しかし、なかには次のような極端な例もあります。

Q 買収した側の会社は「当月20日で締めて、翌月20日支払い」になっている。吸収合併される側の会社は「当月20日で締めて、当月末日支払い（時間外手当は翌月払い）」になっている。どうすればいいか？

A こんなケースでは対応に苦慮します。もしも吸収合併される側の会社も「当月20日で締めて、翌月20日支払い」に切り替えたらどうなるでしょうか？　当月分の賃金が1カ月分飛んだような気がします。（実際には飛んでいませんが）

このように極端なケースの場合は、筆者なら締めと支払日を変更しない提案をします。月に2回も賃金計算する必要があるので大変ですが、仕方がありません。

◆実行案④　休日数は求人を意識したうえで統一する

年間の休日数は、重要な労働条件。仮に両社がこんな感じだったとします。

買収した側の会社　１１０日
吸収合併される側の会社　１２０日

こんなケースの場合は、まず買収した側の会社の休日数が適正かどうかを検討してください。

ここでは買収した側の会社の休日数が適正だったという前提で検討します。こんな場合は、不利益になる10日分の賃金を保障することで休日数を買収した側に合わせます。

賃金保障はいくらでしょうか？　仮に賃金が25万円だったとします。すると１日あたりの額が出てきます。これに10日分を乗じます。

> （賃金25万円×12カ月）÷（３６５日－１２０日）＝１日あたり１万２２４５円×10日分＝賃金保障額12万２４４９円（年間）

次にこの賃金保障額を12分の１にします。

> 賃金保障額12万２４４９円（年間）÷12カ月＝１万２０４円

このような計算から月額で約１万円の引き上げが必要になります。

Q　社員のなかには賃金保障があっても休日減が嫌だという向きもいます。その場合は？

A 休日を統一せず、そのままにするという選択肢もあります。

Q 同じ1つの会社で違う勤務カレンダーがあっても問題ないか？

A いわゆる差別的な取り扱いをしておらず差異に合理性が認められれば問題ないと思います。「合併」という特別な事情があったわけですから、異なる労働条件がその後も併存することはやむをえないと思います。

◆実行案⑤　1日の勤務時間の統一

1日の勤務時間は、最重要な労働条件。仮に両社がこんな感じだったとします。

> 買収した側の会社は、1日8時間
> 吸収合併される側の会社は、1日7時間

こんなケースは買収した側の会社の勤務時間に合わせるものですが、それにも賃金保障が必要になります。

Q 勤務時間が長くなる分だけ賃金保障をすると社員に説明したところ、一部の女性社員

が「勤務時間の延長は嫌だ」と拒絶してきました。いかがすればいいか？

A 勤務時間の延長は、特に女性からの抵抗や反発がありえます。たとえ賃金保障があったとしても「嫌なものは嫌」と言われたら、それ以上は説得の仕様がありません。反対している人は、その労働条件で入社したので一方的な変更はしにくいと考えます。その場合は無理に勤務時間を統一せず、一部の人はそのままにするという選択肢もあります。

Q 同じ1つの会社で違う勤務時間があっても問題ないか？

A 「合併」という特別な事情がありますので、やむをえないことだと考えます。

◆吸収合併される側の社員への説明会の開き方

吸収合併される側の社員は、先行きに対して不安感を抱きかねないと推察します。労務管理の見直し案が出来上がったら、そんな不安感を払拭するためにも言葉を多めにして説明してください。

まず全員を集めた全体説明を行い、次に個別説明をします。筆者ならば、こんな感じで全体説明をします。筆者が考えるところでは、傍線を引いたところは外してはいけないキーワードです。

この文章は、あくまでも一例です。

お勤めご苦労さまです。

さて、B社の社員は当社の一員になっていただきありがとうございます。B社を吸収合併するにあたり、まずその労働実態を調べて見直し案を作る必要がありましたので時間がかかりましたが、まとまりましたので説明させていただきます。

最初に説明したいのは雇用の安定です。当社はB社の社員を歓迎していて、温かく迎えたい。仲間として一緒に働いてほしい。このことは何度も申し上げます。

1日の勤務時間はB社が7時間でしたが、当社が8時間なのでそれに合わせていただきたい。1時間延長になりますが、その分の賃金保障をすることで1時間あたりの賃金が下がらないようにします。ただし、勤務時間の変更が無理な方は従来のままでも結構です。

休日はB社が120日でしたが、当社が110日なのでそれに合わせていただきたい。年間で10日の休日減になりますが、その分の賃金保障をしますので賃金が増えます。また、当社は休日数を計画的に増やしてきており今後も努力します。なお、休日の変更が無理な方は従来のままでも結構です。

賃金の支払いは、B社が20日締めで当月末日払い、当社は20日締めで翌月5日払いとなっています。ここは当社に合わせていただくことにしました。社員諸君の資金繰りのことも考えて、次回の賞与の支給に合わせて夏の賞与が出る7月から切り替えます。

賃金体系は基本給に関してB社は当社よりも高い水準でしたので、その水準をそのまま維持することになりました。

諸手当は、当社には家族手当、住宅手当がありましたが、B社にはそれがありませんでしたので今後数年間かけて当社と同じ内容に拡充したい。

通勤手当も基準は、当社に合わせていただきます。なお、通勤手当の上限額はB社が上限なしでしたが、当社は月額3万円でしたので、そこも合わせていただきます。ただし、既に上限を超えている人はそのままとします。

賞与は、会社の業績および本人の勤務成績を評価したうえで金額を決めていきます。昇給や賞与を伝える際には個別面談も実施します。

当社は「社員1人あたりの粗利額」を重視していて、それが賞与水準を左右します。この「社員1人あたりの粗利額」が前年対比で増えたかどうかで賞与が決まります。この「社員1人あたりの粗利額」は社内に掲示されていますので意識して見るようにお願いします。業績連動型の報酬制度を導入していますので業績向上にご協力をお願いします。

退職金規程は異なっていて、それを一本化するのが困難だと判断しましたので、B社の退職金規程はその後も適用することとしました。

就業規則は、休憩室に置いておきます。ご自由に閲覧してください。

それから1つお願いがあります。当社はハラスメント行為を禁止しています。防止規程は就業規則に載っています。管理職研修は定期的に行っています。通報窓口は開設していてチラシが壁に貼ってあります。困ったことがありましたら申告をお願いします。

以上簡単ではございますが、これで説明とさせていただきます。

その❷

賃金見直し事例
製造業（東京都）が長野県の同業他社を吸収合併へ

A社は本社が東京都で、工場は埼玉県にある製造業。社員数は50人。そこが長野県の同業の製造業で20人のB社を買収しました。A社はB社を吸収合併して長野工場にする方針です。そこでA社の社長は、賃金などの統合を図るべく北見式賃金研究所に診断助言を求めました。

A社の社長は事前に北見に資料を送ってくださいました。その資料は次の内容でした。

> ○賃金データ（直近の1カ月分の賃金、賞与1年分、属性［生年月日・入社年月日・性別・役職・最終学歴・職種・主な資格］付き）
> ○就業規則などの諸規程

筆者は、A社およびB社の賃金プロットを用意して面談に臨んでいます。賃金プロットは年収・賃金総額・所定内賃金・基本給という4種類で、それが東京都版および長野県版という地域ごとに作成されています。人員構成図を作成しています。

また、ＡＢ両社の求人票やホームページの募集欄もプリントアウトしています。

◆買収の目的はマンパワーの確保

社長「ご縁があって同業のＢ社を吸収合併することになりました。Ｍ＆Ａは初めてなので、いろいろ不安だらけ。よろしくお願いします」

北見「買収の目的は？」

社長「最近仕事量が増えていますので人が足りずに困っていました。人数が50人からいっきに70人になりますので、マンパワーの拡大に期待しています。同業でしたから相乗効果を期待できます」

◆人員構成図を作る

北見「しかし社員名簿を拝見していますと、高齢化が進んでいますね。Ａ社は社員50人で、平均年齢が45歳になっています。Ｂ社も社員20人で、平均年齢が50歳になっています。両社の人員構成図を作ってみました。これを拝見するとＡ社は定着率が高いも社長「そこが問題。製造業に入ってくる若手が減って当社も採用が困難な状況。また入ってくれても定着してくれない」

の高齢化が進んでいますね。一方のB社も同様です」

◆キーマンの高齢化が心配

北見「ところで仕事を続けるうえで不可欠なキーマンはいますか?」

社長「A社では佐々木氏と柴山氏、B社では市川氏がキーマン」

北見「特に気になるのはキーマンの高齢化です。佐々木氏は65歳で、柴山氏は60歳。B社は市川氏がキーマンだとおうかがいしましたが、66歳。これらのキーマンの後継者はどうなっていますか?」

社長「後継者が育っていません。そこが一番の懸念材料です」

北見「計画的な後継者育成に取り組んでください」

◆「ズバリ! 実在賃金」で賃金水準をチェック

社長「AB両社の賃金水準はどんな感じでしょうか?」

北見「北見式賃金研究所は、支払われた賃金明細を大量に集めて分析する『ズバリ! 実在賃金』という調査統計を独自に作っています。その『ズバリ！　実在賃金』は全国47都道府県版が揃っています。

　賃金グラフは年収・賃金総額・所定内賃金・基本給という4種類を作成するので、あらゆる角度から診断が可能。賃金水準というのは、その4つの方向から検証しないと問題点が見えてきません」

◆年収は時間外手当および賞与の多寡で左右される

北見「年収グラフは、A社は東京都版、B社は長野県版で作成しました。

　このグラフを見ると、A社の年収は東京都の会社にしてはやや低めになっています。B社は逆に長野県の相場をクリアしているようです。ただしB社の年収が高めになっているのは主に時間外手当が多いことが影響しているようです」

社長「A社は例年なら3カ月分ほどの賞与を払っていましたが、業績が伸び悩んでいたので年間2カ月分にしたのが影響したのかもしれません。B社は年間3カ月以上出したようです」

◆賃金総額は時間外手当で左右される

社長「毎月の賃金の方はいかがか？」

北見「時間外手当を含む賃金総額は、A社は東京都の相場と比べて50歳以上の人は高めになっています。B社は長野県の相場をやや上回っています。ただし前述したようにB社は時間外手当で押し上げられている感じです」

◆所定内賃金は諸手当を含むもの

北見「次は所定内賃金。所定内賃金とは賃金総額から通勤手当および割増賃金を除外したもの。家族手当・住宅手当・役職手当・皆勤手当・資格手当など諸手当が含まれます」

社長「それでA社の賃金はいかがでしょうか？」

北見「A社の賃金は50歳以上の人は比較的上位にいますが、若手は下位に分布しています。年功序列型の賃金になっていて若手が冷遇されている感じが否めません」

社長「やはりそうでしたか？　B社はいかがですか？」

北見「B社は、やはりここも年功序列型。若手の賃金が低いのも同じです。時々ラインの上に飛び出ている人がいますが、家族手当が大きいので扶養家族のある人が『上』

になっているようです」

社長「ラインとは？」

北見「北見式賃金研究所の『ズバリ！　実在賃金』という統計は平均値ではなく分布でラインを引いています。同じ年齢で100人いたとすれば、上位25％目が『上』、中位50％目が『中』、下位75％目が『下』となります（図10）」

社長「A社の賃金はラインと比べてどうですか？」

北見「A社は、中高年の人で『上』に達する人がいますが、35歳以下の若手は下位75％目のラインのさらに下にいます。その若手もほんの数人しかいません」

◆基本給は社内バランスが大事

北見「次に基本給。A社の基本給は50歳以上の中高年は相場より上ですが、若手は低調。

社長「B社はいかがですか？」

北見「同じように若手の賃金水準は低調です」

◆高齢化がいっそう進む近未来

北見「ところでA社は35歳以下の人が何人いますか？」

図10 「実質基本給」ライン

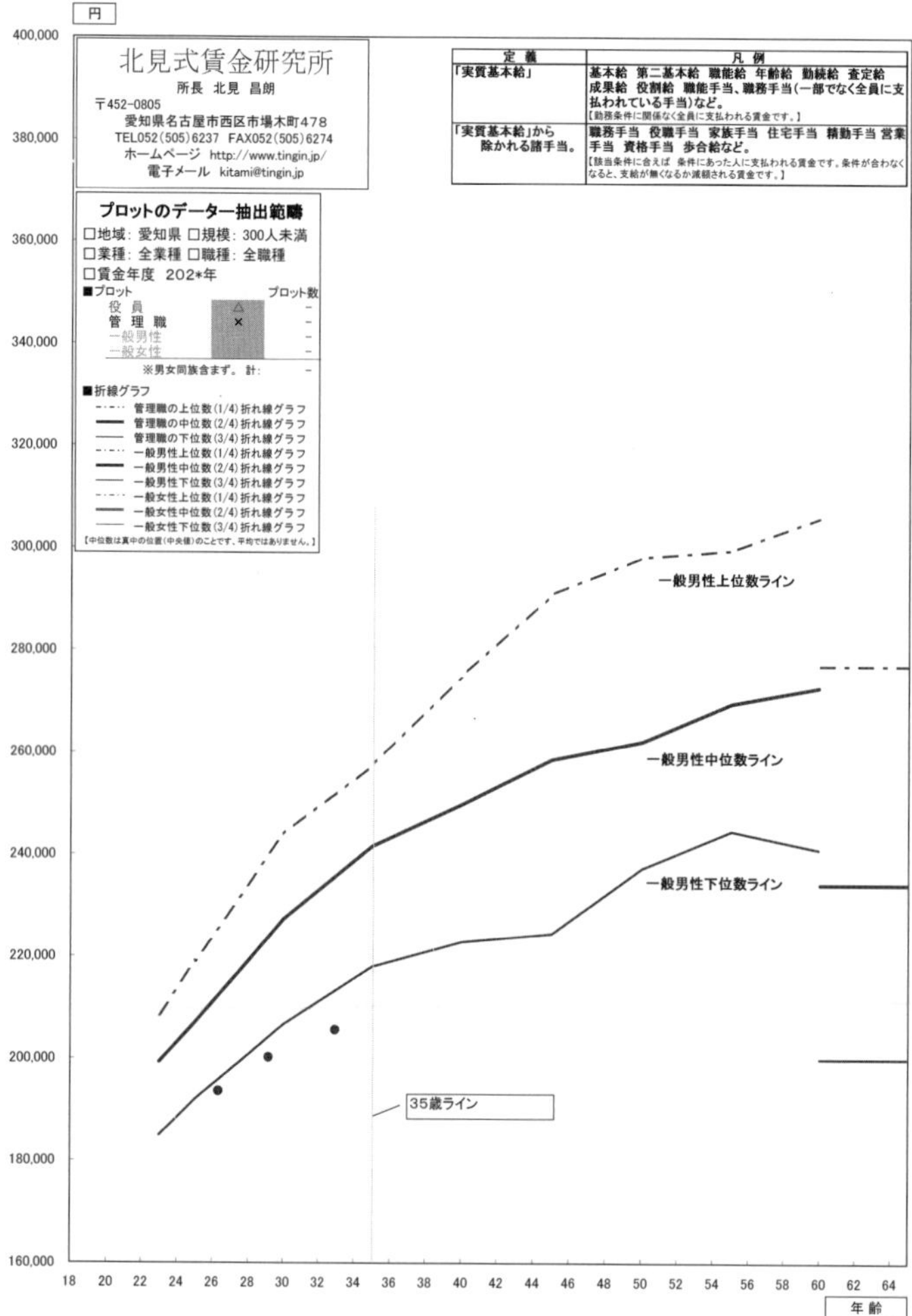

社長「この3人（表10）。入っても続かない人が多くてこうなってしまった」
北見「ここで近未来を想像してみましょう。A社は5年後にどうなっていますか？　仮にこのまま高齢化が進んだら？」
社長「どういう意味でしょうか？」
北見「現在の平均年齢は45歳ですから、5年後には50歳になります」
社長「ご、50歳か！」
北見「はい」
社長「それは困る。それでは先細りになってしまう。」
北見「それを避けたければ若手にもっと思い切った投資をする必要があります」

◆一本化の前に賃金診断が必要

社長「B社の社員の賃金は、基本的にうちの会社の

表10　A社の若手一覧

氏名	勤務地	職種	年齢	勤務年数	学歴	資格	役職	備考
伊藤	本社	営業	30	8	大卒（文系）	TOEFL 90点	係長	海外営業部のキーマンになりつつある
加藤	埼玉	製造	35	10	高卒（理系）	衛生管理者	主任	買収先の長野工場に係長として赴任してもらう
佐藤	埼玉	技術	22	0	大卒（理系）			

賃金制度に合わせる形で統一したい」

北見「私にはA社の賃金の方もやや低く見えますので、A社の賃金制度に合わせるだけでは、若手社員の採用定着につながっていかない気がします。A社の賃金制度を見直したうえで、それに合わせる形で一本化するのがいいと思います」

◆低過ぎる初任給

北見「A社で若手の採用定着がうまくいかなかった理由の1つには賃金の問題があると申しましたが、その問題がよく表れているのが初任給です。求人票を見ると、初任給(2024年入社)は次の額だったそうですね(表11)」

社長「はい」

北見「この額は本社が東京にあって、工場が埼玉にある会社としては弱い方です」

社長「ではイマドキの初任給の相場はいかほどでしょうか?」

表 11　A 社の初任給と内訳

(単位:円)

	基本給	皆勤手当	職務手当	初任給
大卒	170,000	10,000	20,000	200,000
高卒	140,000	10,000	20,000	170,000

北見「東京都人事委員会の調査（２０２２年度　第１表）によると次の額になっています」

	大卒	高卒
事務系	21万５４９９円	17万７１３３円
技術系	21万６３０２円	18万４７８３円

北見「つまりA社の初任給は、大卒で１万円以上低いんです」

社長「なるほど、そうでしたか」

北見「ただし実際にはその額では不足です。採用するのは２０２４年卒ですから、役所の調査は２年間も古いデータです。北見式賃金研究所は独自に調査したうえで、東京都の初任給（２０２４年度）として次の額を提案しています」

	大卒	高卒
基本給	22万円	19万４０００円

北見「つまり大卒で2万円も下回っています」

社長「うちは営業や管理部門は東京都ですが、工場は埼玉県であって、今度買収した工場は長野県。必ずしも東京都の水準に合わせなくてもいいのでは？」

北見「M&Aと言いましても、吸収合併と子会社化では対応が異なります。子会社なら親会社に合わせる必要はありませんが、吸収合併となると1つの会社ですから賃金制度を一本化して統合する必要があります。工場ごとに労働条件が異なるというわけにはいかないからです」

社長「ということは全社を東京水準にする必要があるということでしょうか？」

北見「その通り」

◆若手の賃金をチェック

北見「A社の35歳以下の人の賃金を見せてください」

社長「彼らの賃金は次の通りです（表12）」

北見「いくつか質問させてください。基本給はどのように決まるのですか？　賃金表はあるのですか？」

社長「賃金表は以前に経営コンサルタントに作成してもらいましたが、何等級何号俸とかいって複雑怪奇なもので、何度説明を受けても理解できなかった。そもそも中小企業には合わなかった。現在は私が決めています」
北見「この実績手当というのは、どう決まるのですか？」
社長「実績手当は社長が『実績』を査定して決めることになっています。しかし実際には『調整手当』のような存在になっているのも事実です」
北見「この『実績手当』なるものが初任給に含まれていますが、新人に『実績』があるはずもない。この意味不明の実績手当が初任給の見た目を悪くしています」
社長「そうですか」
北見「それから伊藤さん（本社　営業　大卒　30歳　8年勤務）の基本給（26万2０００円）と、加藤さん（埼玉工場　製造　35歳　10年勤務）の基本給（25万円）を比較すると、加藤さんが低く感じます。その点はいかがですか？」

表12　見直し前の賃金

（単位：円）

氏名	①基本給	②役職手当	③資格手当	④家族手当	⑤実績手当	⑥①〜⑤計 所定内賃金
伊藤	262,000	15,000	0	10,000	30,000	317,000
加藤	250,000	10,000	0	0	20,000	280,000
佐藤	180,000	0	0	0	20,000	200,000

社長「バランスは取ってきたつもりですが」
北見「だいたいの目分量では、先輩や後輩のバランスは取れないものです。やはり基本給を決定する賃金表がないと上手にいきません」
社長「賃金決定は悩ましい」
北見「伊藤さんと加藤さんとを比較すると高卒者の加藤さんの方が低いのは、学歴差別ではないかと感じます」
社長「私は学歴で人をみるなんて絶対していません。しかし賃金がそうなっているとしたら問題です。加藤さんは中途採用の高卒ですが10年間も勤務してくれていて、私は大いに見込んでいます。長野工場への転勤も快く受け入れてくれました。現在は主任ですが、長野工場では係長として頑張ってほしい」
北見「それなら、なおさらのこと役職手当を増額するだけでなく基本給を大卒者並みに引き上げてバランスを取った方がいいでしょう」

◆北見式賃金表を導入してみる

北見「それでは若手の賃金見直し案をご説明します。

・賃金水準は、勤務地ごとに差をつけずにすべて東京水準とする
・基本給（年齢給＋勤続給＋査定給）は、北見式賃金研究所の賃金表（東京都版2024年度　高大一本化賃金表）を採用する
・役職手当は係長1万5000円、主任1万円だったが、係長3万円、主任1万5000円に増額する
・資格手当を新設して、TOEFL2万円（点数によって額が変わる）、衛生管理者2万円をつける。他の資格にも手当を支給
・家族手当は配偶者分を廃止して、子供分は1人につき1万円とする」

社長「具体的にはどうなりますか？」

北見「まず基本給から説明します。北見式賃金表にもいろいろな種類がありますが、貴社に提案するのは『高大一本化賃金表』といいまして、高卒者にも大卒並みの基本給を出すことで学歴差別をなくしたものです。中小の製造業の場合は、大卒と高卒が混在して1つの職場で勤務することが多いですよね？」

社長「はい、うちでもそうです」

北見「学歴はいわゆる〝親ガチャ〟も影響しますので、そこで差をつけたくない。仮に高

校中退であっても22歳で大卒並みの賃金にして、そこから人生はヨーイドンだという考え方なので、それを形にした賃金表です。

北見式賃金表は、次の3つで構成されています」

①年齢給
②勤続給
③査定給

北見「A社の3人は年齢と勤続年数に応じて次のような年齢給と勤続給になります（表13）。査定給は人によって異なるわけですが、ここでは全員がB評価（通知表の「3」）だったという前提で割り出しています」
社長「こんな賃金テーブルがほしかった」
北見「この表から拾うと、3人の基本給は次の通りになります。特に加藤さんが大きく上がっています」
社長「役職手当はどうなりますか？」
北見「長野工場に係長として赴任する加藤さんの役職手当は3万円（従来は主任で1万

円）になりました」

社長「今の若手にはもっと上昇意欲をもってほしいので、役職手当を上げるのは賛成です」

北見「役職手当と資格手当は努力の結果で勝ち取るので、私は〝努力給〟という名称をつけて大事にしています」

社長「資格手当は以前からつけたかった。英語とか、パソコンなどのスキルは重要」

北見「それから家族手当は、従来は配偶者1万円、子供5000円（18歳の高卒まで。第2子まで）でしたが、配

表13　賃金表の提案例

（単位：円）

	⑦	⑧	⑨	⑦〜⑨ ⑩	⑪	⑫
氏名	年齢給	勤続給	査定給	基本給	役職手当	資格手当
伊藤	236,000	8,000	18,000	262,000	30,000	20,000
加藤	246,000	10,000	24,000	280,000	30,000	20,000
佐藤	220,000	0	0	220,000	0	

	⑬	⑩〜⑬ ⑭	見直し前 ⑥	⑭−⑥ ⑮
氏名	家族手当	所定内賃金	所定内賃金	差額
伊藤	10,000	322,000	317,000	5,000
加藤	0	330,000	280,000	50,000
佐藤	0	220,000	200,000	20,000
				75,000

偶者分を廃止して子供1人につき1万円（大学在学の場合は22歳まで。人数制限なし）としました」

社長「増額分を1人ずつ見ていますが、加藤は5万円も上がるのですか？」

北見「役職手当の増額、資格手当の新設がありました。そして低すぎる基本給の見直しをした結果です」

社長「もっと小出しにして昇給させたい」

北見「決めるのは社長さん、あなたです。ご自由にお決めください」

◆若手中心に底上げすることで人件費増を抑える

社長「気になるのは人件費ですが、どうなりますか？」

北見「従来と比較して月額7万5000円の上昇になりました」

社長「もっと上がるのかと思いました。しかし別に35歳超の人の分もありますよね？」

北見「各種手当に関しては全社一律に見直しますので、役職手当の増額、資格手当の新設、家族手当の増減額が必要になります。基本給に関しては35歳超の人は基本的に触りませんので従来と変わりません」

社長「しかし、それでは35歳以下と35歳超との間で逆転しかねない」

北見「はい、逆転は困りますので、そうならない程度の見直しは必要です」

社長「ということはトータルで考えると大きな人件費増になりませんね」

北見「底上げする若手社員の人数が少ないので人件費増は知れています」

社長「吸収合併する長野工場の賃金はどうなるのでしょうか？」

北見「A社の賃金制度が出来上がれば、それをそっくり適用すればいい。長野工場で35歳以下は何人ですか？」

社長「この2人だけです（表14）」

表14　A社長野工場の若手一覧

（単位：円）

氏名	勤務地	職種	年齢	勤務年数	学歴
近藤	長野	製造	29	3	高卒 （理系）
遠藤	長野	製造	18	0	高卒 （理系）

表15　A社長野工場の若手賃金表

（単位：円）

	①	②	③	④	⑤	⑥	①〜⑥ ⑦
氏名	基本給	役職手当	資格手当	家族手当	皆勤手当	職務手当	所定内賃金
近藤	210,000	0		10,000	10,000	20,000	250,000
遠藤	150,000	0		0	10,000	20,000	180,000

北見「その賃金は？」
社長「こうなっていました（表15）」
北見「では前述の北見式賃金表を導入してみましょう。すると次のようになります（表16）。ちなみに皆勤手当は廃止して基本給に組み込みました」
社長「2人とも上がっていますね。それで人件費はどれだけ上がるのでしょうか？」
北見「月額1万7000円です」
社長「しかし35歳超の人もいますよね？」
北見「35歳超は基本的に上げも下げもしません。逆転しない程度の見直しにとどめます」

表16　A社長野工場の若手賃金見直し案

（単位：円）

氏名	⑧ 年齢給	⑨ 勤続給	⑩ 査定給	⑧〜⑩ ⑪ 基本給	⑫ 役職手当	⑬ 資格手当
近藤	234,000	3,000	6,000	243,000	0	
遠藤	194,000	0	0	194,000	0	

氏名	⑭ 家族手当	⑪〜⑭ ⑮ 所定内賃金	⑦ 見直し前 所定内賃金	⑮−⑦ ⑯ 差額
近藤	10,000	253,000	250,000	3,000
遠藤	0	194,000	180,000	14,000
				17,000

◆競争力のある初任給を実現

北見「北見式賃金表の東京都版（2024年度）を採用するので、初任給はこうなります。

	大卒	高卒
基本給	22万円	19万4000円
初任給	22万円	19万4000円

社長「高いですね」

北見「はい、この金額で埼玉や長野で募集すれば競争力があります。特に高卒初任給は長野県では上位に位置するので採用面での効果を期待できるはずです。

ちなみに長野県人事委員会の調査（2022年度　第20表）によると次の額になっています」

	大卒	高卒
事務系	21万274円	16万8004円
技術系	22万5604円	17万4389円

◆吸収合併を第二創業に

社長「この長野工場の吸収合併は、当社にとり第二創業のような転機にしたい。単に人数が増えただけではなく飛躍のきっかけにしたい。新賃金制度に期待しています」

北見「はい、ぜひ活かしてください」

第 8 部

Mergers and Acquisitions

吸収合併に伴う
退職金見直し事例

M&Aで買収した会社を吸収合併すると、退職金規程をどうするか？　という問題に直面します。退職金規程は各社各様で、その一本化は至難の業です。

A社（吸収合併する側）とB社（される側）にはそれぞれ退職金規程があったとします。しかしながら、その内容はまったく異なっていました。

A社の退職金規程
定年退職金＝勤務年数×20万円
自己都合退職金＝定年退職金と同額

例えば、40年勤務の場合なら次のようになります。

定年退職金　800万円＝勤務年数40年×20万円

B社の退職金規程
定年退職金＝基本給×勤務年数×0・7
自己都合退職金＝定年退職金×0・3

B社の基本給は高い人で40万円ほどでしたから、40年勤務の場合なら定年退職金は次のような額になります。

定年退職金　1120万円＝基本給40万円×勤務年数40年×0・7

このような退職金規程があったら読者諸兄姉はどんな印象を受けられるでしょうか？　筆者なら、次のように思います。

A社の退職金規程について
・勤務年数のみで決まるので貢献度が反映されにくく年功序列になりがち
・自己都合などの退職事情を反映できないのはよろしくない

B社の退職金規程について
・1000万円を超える退職金規程は、中小企業としてはいささか高すぎる。低金利の時代では継続するには負担が大きい
・基本給の金額は勤務年数で左右されることが多いもの。一般社員でも長くなれば基本給

が高くなる傾向があるので貢献度が反映されにくく年功序列になりがち

このようにA社もB社も、問題がありそう。では、どう見直せばいいでしょうか？　筆者の考える対策はA社もB社も退職金規程をそのまま存続させる、です。つまり2つの退職金規程をあえて併存させるのです。

ここは経営者から反論や疑問が出てきそう。例えばこんな内容でしょう。

社長「B社は吸収合併される側だから、A社に合わせればいいのでは？」
北見「それでは定年退職金が減額になるので不利益変更になります。不利益変更すれば社員のモラルが下がります」
社長「しかしB社の規程には自己都合係数があるので、自己都合で辞めた場合はA社の方が高くなるのでは？」
北見「将来自分が定年までいくのか、途中で辞めるのかは予想できません」
社長「それならいっそのことA社の退職金規程を改めて、B社の退職金規程に合わせたらいかがか？」
北見「それでは退職金のコストが上昇しかねません」

いかがでしょうか？　いずれの側を採用しても問題があるわけです。こんな場合は少々問題があったとしてもあえて触らないことです。つまりA社の社員には従来の退職金規程がそのまま適用されます。一方、元B社の社員にも従来の退職金規程がそのまま適用されます。だから社内には2つの退職金規程があって併存させるのです。

そうなると、ここでまた経営者から反論や疑問が出てきそうです。例えばこんな内容でしょう。

社長「うちの会社（A社）の退職金はもともと変更したかった。変更する案を提案してほしい」

北見「新入社員から新規程を採用すればいい。そうすれば既存の社員からの反発を受けにくい」

社長「しかし、そうすると社内にはA社の旧退職金規程の人、B社の旧退職金規程の人、新退職金規程の人ということで3種類があることになり複雑になる」

北見「吸収合併という特別な事情があるのでやむをえないことだと思います。中小企業の場合は10年もすれば社員の何割もが新規程になるものです」

社長「長い時間が要るのですね」

北見「『和をもって尊しとなす』の精神で経営すれば、そういうこともあります」

新人から適用する退職金規程は、どんな内容がいいでしょうか？　筆者は『図解　小さな会社の退職金の払い方』（東洋経済新報社　2001年刊）という著書を出しています。古い本ですが、考え方は今でも変わっていません。それは次のような内容です（図11）。

・退職金は勤務年数3年目から支給する
・退職金は勤務年数で決める。勤務年数10年未満までは1年あたり10万円、10年目から30年未満までは1年あたり20万円。30年をもって退職金を500万円で打ち止めにする
・課長以上の幹部には加算を行う。課長は1年あたり20万円、部長は30万円とする
・中途退職者は自己都合係数を乗じる
（注：上限額500万円というのは一例であって、会社によって金額は異なります）

これを筆者は「役職者加算付きの勤務年数方式」と呼んでいますが、長所は次のようにいくつもあります。

・基本給に連動していないので、将来の退職金額を容易に計算できる
・幹部加算があるので貢献度を反映できる
・中途退職など辞めた事情を反映できる

自画自賛するようで恐縮ですが、素晴らしい特長があります。多くの企業に採用された実績もあります。

図11　A社が新入社員から導入する退職金制度の提案

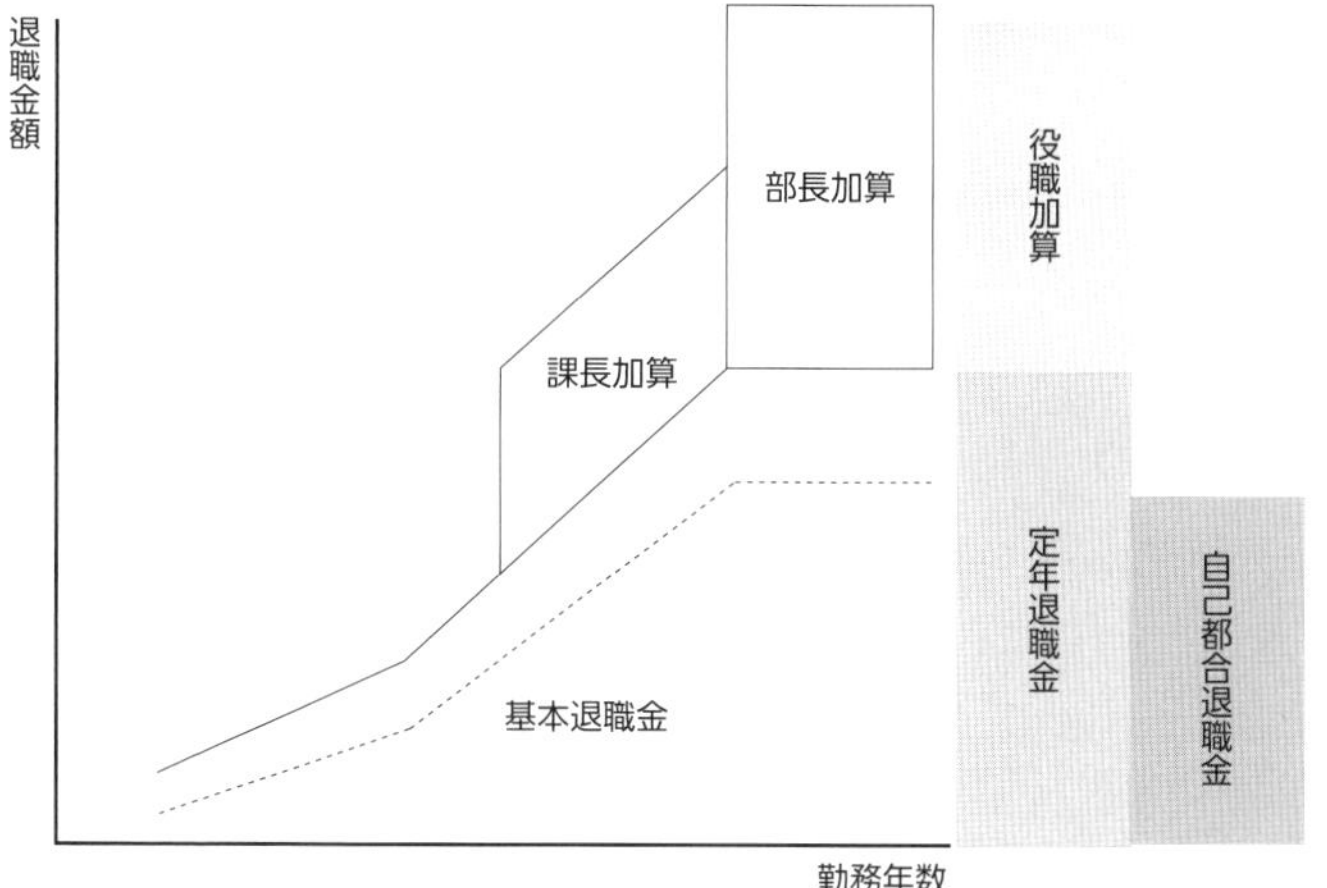

第 9 部

Mergers and Acquisitions

専門家に聞く
M＆Aの問題点

◎「M&Aは娘を嫁がせる気持ちでやってほしい」

大手M&A仲介業者は、案件をたくさんもっています。それをネットの情報サイトに載せて、相手を探す。そのやり方は最近のマッチングアプリと同じで、それでは相手が早く見つかるかもしれないが、良いご縁かどうかわかりません。

M&A仲介は、娘を嫁がせる気持ちでじっくり取り組んでほしい。大事に育てて、企業価値を高めたうえで売却するべきです。

売却後には、企業価値がさらに上がり、そこで働く社員が幸せになってほしい。そんなお手伝いであってほしい。

大事なことは、買収先の社員の気持ちです。

- 会社を売られてしまったせいで、リストラに遭って自分は首にされた
- 前社長だけがガッポリもらって得をした
- 首にされたせいで、住宅ローンを返済できず家を手放した
- 給料を下げられたせいで、愛車を売るほかなかった

などとなると、売却した前社長に対する恨みが募ります。これが一番怖い。買収先の社員に対しては、もっと特別な配慮が必要です。社員説明会では、「雇用は守られる。労働条件は上がることはあっても下がらない」と力説すべし。

買収先の幹部に対しては、できれば社員発表の前に知らせるべき。「あなたがたは期待されているのだから、今後も働いてほしい」と伝えるべし。

働く人から恨まれないようにしましょう。

本書は、まさにM&A仲介業界の実態を浮き彫りにしています。

M&A仲介業は資格が要らないこともあって、不動産業界とか求人広告業界などが参入して乱立状態。

例えば不動産業者は、飲食店の居抜き物件を扱うだけだったところが、飲食会社のM&Aを手掛けるようになりました。その手数料は、不動産のみの場合と比較にならないほど多額なので笑いが止まらないのです。

M&A仲介業者とはいうものの、実際に事業のことも財務・会計・税務のことも不動産のことも人事・労務のことも知らない人たちが、売り手もしくは買い手のフィナンシャルアドバイザーとしてどころか、仲介と称して両手で手数料をせしめるという慣行が横行し、単なるマッチングと売買手数料を双方代理していただくという、なんとも胡散臭い業界になっています。

M&A仲介業界では、顧客の都合よりも早期成約を最優先する取引が横行しています。

また、不動産取引と異なりM&A取引は、①仲介業者が仲介責任を負う義務がないこと、②売り手の表明保証の内容について解釈の分かれる項目や予測可能性が低いリスク（特に労務関係）が多いこと、③売り手の表明保証違反に対する担保を保全できないことから、表に出ていないトラブルや潜在トラブルが急増していることは想像に難くありません。

事業承継に悩む経営者は多いですが、M&A仲介業者はあたかもハイエナのような獰猛さで食い物にしています。不動産業界に宅地建物取引業法があるように、政府は早急に法整備を進めてほしい。

また、M&Aは一生に一度の方が多いため、無知なまま売却してやれやれと考えている、そんな人たちだからか、そのことが問題として表沙汰になりにくいという、悪しき業界構造にもなっています。

M&A仲介業は売り手からも買い手からも代理人になるケースが多く、それが一般的になってしまっていますが、それは利益相反になるので本来おかしい。

売り手側の仲介人は、娘を嫁がせる仲人の気持ちで相手と交渉するべきだし、結婚後にうまくいくかまで見届けるべき。

買い手側の仲介人は、買収後の相乗効果を最大化させるためビジネスモデルの再構築まで踏み込むべき。

ところが実際には売買が成立したら、売りっぱなしで寄りつきもしない。

M&A仲介業者は目先のオカネしか見ていない。買い手側に大きな会社が多いので、M&A仲介業者は買い手側に寄り添うところが多い。それは次も買ってほしいから。

売り手に対しては、最初は「高値売却が可能」と言っておきながら、いざアドバイザリー契約を結んで独占的取扱権を得たら、今度は「こんな瑕疵が見つかった」と言いながら値下げさせる手口が目につく。そこには誠意のセの字もない。

M&A仲介業者にしてみれば、手っ取り早くオカネをもらえればいいので、売却額などどうでもいい。（某経営コンサルタント談）

◎「オカネ目的のM&Aは間違っている」

M&Aは、本来なら事業承継の一環として行うべきものです。売り手側は、雇用維持とか、取引先に迷惑をかけないのが目的です。一方の買い手側にしてみれば、相乗効果を上げて企業価値を高めていくのが目的です。買い手側は、本来、投資ではなく事業発展のために行うものです。

ところが最近は、売れるからということでオカネ目的で売るケースが増えています。潰れそうな会社が1億円で売れる時代ですが、どうかしています。譲渡額が高すぎるので、買い手が投資の回収のため無理してしまうことも。それが結局従業員のリストラにつながってしまう。すべて売却額の算定がおかしいのが原因です。(公認会計士談)

◎「弁護士が行う労務デューデリには限界がある」

M&Aは、買収前にデューデリをしっかり行うべきです。そのデューデリは専門家に依頼するもので、中小企業が自社で行うのは現実的ではないでしょう。

労務関係のデューデリは、弁護士が法務デューデリの一環としてやっている例が多いようです。しかし法務デューデリは、権利義務の承継とか、契約書の中身とか、株主所有権の確認など多岐にわたるので労務関係にはあまり時間を割いていないと思います。

労務デューデリは未払い賃金の有無をチェックするべきですが、弁護士が電卓を片手にチェックしているのを見たことがありません。(公認会計士談)

仲介業者が連れてきた専門家にデューデリを頼んで失敗したところもありました。売らんがために、そんなに価値もないのに、いかにも立派そうな資料を作るからです。デューデリを誰に頼むか慎重にお考えください。（公認会計士談）

◎「**賃金という視点で労務デューデリまで実施すべしという提案に納得**」

いま実施されているデューデリの目的は、譲渡価格を決めるためのもので、もっぱら瑕疵を見つけるために重箱の隅をつつきます。しかし、大事なのは買収後に相乗効果を上げて企業価値を高めること。そのためにビジネスデューデリまで実施するべきですが、ビジネスのカギを握るのは人材。その点で賃金という視点で労務デューデリまで実施すべしという筆者の提案は賛同できます。（M＆A専門の税理士談）

第 10 部

Mergers and Acquisitions

仲介業者の選び方

◎「M&Aの仲介は銀行に依頼するのが一番安心」

「会社を売りたいが、どこに仲介を依頼するのが良いだろうか?」

こんなことを時々耳にしますが、私は即座に「まず取引銀行に相談してみたら」と助言するようにしています。銀行といってもいろいろ種類がありますが、中小企業に親身になってくれるのは地銀とか信金ですから、そこが良いと思います。

地銀や信金は、支店長の顔が見えるのが良いところです。この「顔が見える」というのは肝心です。地銀や信金の職員なら転勤があっても遠くにまで行かず、ずっと地元にいるからです。

銀行は、取引先のことを熟知しています。どんな業務内容なのか? 取引先は? 業績は? 後継者の有無は? 経営者の人柄は? など何でも熟知しています。

銀行にとって、顧客の事業承継は願ってもないことですから、親身になって相談に乗ってくれます。最近ではM&A仲介の専門部隊を作り、専門スタッフも養成しています。

経営者も高齢になるとM&A仲介業者から頻繁に「貴社を買いたい会社があります」というDMが来るものですが、そんな先ではスポットの取引ですから、売りっぱなしで安心できないと思います。(税理士談)

◎「税理士は一番頼りになる相談相手」

事業承継問題でお困りならば、まず税理士に相談をすると良いと思います。税理士にとっても、顧客の永続的発展は願いですから、その事業承継問題は懸案の課題です。必ず親身になって相談に乗ってくれます。

税理士は小さな規模の事務所が多いですが、業界でネットワークを組織していますので、そのネットワークでＭ＆Ａの候補企業を探せます。（税理士談）

◎「大手業者は安心だが、中小業者にはご用心を」

Ｍ＆Ａ仲介業者は雨後の竹の子のように誕生しましたが、その多くは無能な素人です。単に儲かるから参入しただけ。企業価値を算定する能力もありません。

大手仲介業者は、企業価値を算定する専門家が社内にいますが中小にはそれがない。中小仲介業者と取引する場合は、覚悟が必要です。詐欺もあります。

失敗事例が多いのは、どこの馬の骨かわからない中小の仲介業者がやった案件です。最近は、売るために会社を作るのが流行っています。例えばＥＣサイトをその３年前に立ち上げて売上ができたので２０００万円で売却するような事例もありますが、そんな実のない会社を扱うような仲介業者はダメ。会社をモノとしか見ていないところが問題。Ｍ＆Ａの世界は、詐欺をやる気ならできてしまうのでお気をつけください。

M&A仲介業者は、まずその社歴を見てください。設立したばかりの業者では信用できません。

M&A仲介を頼むなら、大手に頼むのが安心。例えば中古マンションを買う時はどうされますか? 大手不動産会社を選びたくなるでしょ? それと同じ。名のある大手は信用第一だから、おかしな仕事はできません。(公認会計士談)

こんなはずでは!
事例⑳(京都府・人材派遣会社)
幹部がライバル会社を起業　仲介会社もグルか?

私は、京都の人材派遣会社を買収しました。

買収当初は順調でしたが、半年後に営業部長が退職したところから困った問題が多発しました。

その元営業部長は、退職して同業他社を起業したのです。顧客を奪いスタッフを引き抜きました。元営業部長ですから、顧客との取引内容、収支、社員の賃金などの情報はすべて知っています。その元営業部長は主要顧客とパイプがあったので、顧客を次々に奪いました。当方に引き留める術はありませんでした。

その元営業部長は、買収後に知ったことですが実は前社長の甥でした。取締役ではなかったので、商法上の忠実義務違反を問えません。職業選択は自由ですから競業禁止を問うこともできません。

そして、これは未確認情報ですが、前社長が甥を支援しているらしいのです。現在は探偵を雇って調査中ですが、前社長と甥の元部長は、最初からグルになって会社を売却した可能性があり、詐欺に遭った気分です。

私には、人物を見抜く目がなかったのですが、間に入った仲介会社の責任もあるはずだと思います。ちなみに株式譲渡額は2億円で、仲介会社の手数料は2000万円でした。

ひょっとしたら、仲介会社もグルになっていたことも考えられなくはないと思っています。その仲介会社は顧客から提訴されたみたいで、その記事が週刊誌に載っていました。

第 11 部

Mergers and Acquisitions

M＆A仲介会社の元社員に聞く「『デューデリジェンスをどこまで行うか』は相談して」

良いM&A仲介会社の見分け方、M&A仲介会社と良い関係を築く方法、さらには、会社を買収する際に必ず確認したいポイント等について、M&A仲介会社の勤務経験者に話を聞いた。

北見　「ご経歴は？」
元社員「大学を卒業してM&A仲介会社に就職しました。そこで10年勤務して今は他業界に移っています」
北見　「良い仲介会社と、そうではない会社との見分け方を教えていただけますか」
元社員「買い手側にとっては、仲介会社がどこであっても特に問題ないのではないでしょうか？　買収したい候補企業の案件次第だと思います」
北見　「なるほど」
元社員「売り手側にとっては、仲介会社をどこにするかは大きな問題だと思います。仲介会社の力によって差が出ますから」
北見　「売り手にとっては、やはり大手の会社の方が安心ですか？」
元社員「大手なら案件を多く持っていますし、公認会計士とか弁護士などの専門家を社内で抱えていますから、その点は安心です」

北見　「中小の業者は避けた方がいいですか？」

元社員「中小規模のところであっても、業種などを絞って専門特化して実力のあるところもあります。介護業界に特化したり、ＩＴ系に特化しているところもあり、そこはネットワークを持っています」

北見　「仲介会社に優先的にＭ＆Ａ案件を持ってきてもらうには、どうすればいいですか？」

元社員「Ｍ＆Ａ仲介会社の担当者とどれだけ密にやっているかが大事だと思います。親しければ未公開情報もこっそり教えますから」

北見　「過去に買収した実績があると、Ｍ＆Ａ仲介会社から好かれますか？」

元社員「はい、買収実績があると次の案件も持っていきやすい」

北見　「ということは特定のＭ＆Ａ仲介会社に絞って、パイプを作った方がいいですか？」

元社員「業界用語で『ストロングバイヤ』というのがあります。『あそこはよく買ってくるよね』という評判があると、さらに持っていきやすい」

北見　「Ｍ＆Ａ仲介会社にまったく接点のない人が行っても相手にしてもらえますか？」

元社員「仲介会社にコンタクトして、ニーズを具体的に伝えるといいです。業種や場所、買収額まで具体的だと真剣さが伝わります」

北見「買収したい候補企業を具体的に示してもいいですか？」

元社員「はい、候補企業にアタックしたこともあります。さすがに『今すぐ売りたい』ところは稀ですが、ダメモトです」

北見「ところで専門家を使ったデューデリはどの程度行われているのでしょうか？　実際のM＆Aの書類が入ったファイルを見たことがありますが、デューデリらしきものがまともに実施されていない気がします」

元社員「いいえ、デューデリはもちろんほぼ全社で行っています。ただ、どこまでやるかが問題です。デューデリにも種類があって、税務デューデリ、財務デューデリ、法的リスクを問う法務デューデリ、労務デューデリ、ビジネスデューデリがあります」

北見「そのデューデリは誰に頼んでいるのですか？　中小企業の場合、税理士ならどこでも委託していますが、顧問弁護士はいないところが大半です。社労士の関与率も高くない」

元社員「買収額が数億円程度の中小企業の案件なら、買い手側が顧問税理士にデューデリを依頼する場合が多いです。そのほかの法務デューデリ（弁護士）、労務デューデリ（社労士）、ビジネスデューデリはまずやりません」

北見「ということは社労士に労務デューデリを頼んでいないのですね？」
元社員「中小企業のM&Aで、買収時に労務デューデリを実施した例は、あまり見たことがありません。買い手側企業が自分でヒアリングする程度で、社労士さんに頼んで実施するのは稀だと思います」
北見「でも、それでは買った後で労務リスクが見つかる可能性がありますよね。未払い時間外手当とか、社会保険料の滞納とか」
元社員「はい、本来なら実施すべきことだと思います」
北見「弁護士に依頼しての法務デューデリは実施されていますか？　その法務デューデリの一環として労務デューデリも実施されていますか？」
元社員「中小企業のM&Aは、弁護士にデューデリを依頼するのは稀です。弁護士が買収先に出向いてヒアリングする姿はまず見ません」
北見「デューデリを実施せずに失敗したケースは？」
元社員「問題社員がいて、未払い時間外手当を請求してきたケースがありました。裁判まで発展して苦労されたようです」
北見「デューデリが十分実施されていないのは、仲介会社がそれを嫌がるせいではないですか？」

元社員「仲介会社としては、無駄な時間を与えたくないのが本音です。長引くと破談になる可能性もありますから」
北見「仲介会社がデューデリを省かせているのでは？」
元社員「それは違います。仲介会社は、顧客の意向を無視できません。『デューデリなんて省きましょう』と言ったら、仲介会社への訴訟リスクが生じます。仲介会社は買い手側に対して、デューデリをどこまで実施するのか尋ねるものです。そこで買い手側が『しっかりデューデリを実施したい』と答えてきたら、我々が口を出す余地がありません」
北見「でも、買収までのスケジュールがあまりにタイトだったら実際にはデューデリを実施する時間的余裕がないのでは？」
元社員「基本合意前にどこまでデューデリを実施するのか要望をお伝えください。仲介会社はそれに合わせてスケジュールを組みます」
北見「『買い手側の求める資料が届いてから、デューデリに1カ月間の猶予がほしい』と言ってもいいですか？」
元社員「有名な先生だと結構時間が要るものです」
北見「まだ買うと決まってもいないのに細かいことにこだわると、仲介会社や売り手に嫌われませんか?」

元社員「リスクを負うのは買い手です。数億円の投資額ですから真剣になるのは当然です。デューデリをどこまで行うのかは、交渉過程において決める重要事項です」

北見「労務デューデリを行うには、詳細な資料が必要になります。ある会社が行ったM&Aの資料を見たことがありますが、人事関連では就業規則、組織図、人員構成、社員の年齢、勤務年数、資格、年収が載っていました。しかし、それだけでは労務デューデリを実施するには不十分です。賃金明細やタイムカードも必要です」

元社員「仲介会社にそのような要望を出すのは妥当な範囲だと思います」

北見「北見式賃金研究所が賃金診断を実施するには、賃金明細、生年月日、入社年月日、職種、学歴、資格、職位も必要です。年収のみでは診断できません。それを買収前に求めるのは可能ですか?」

元社員「売り手が応じるかどうかですが、個人名を伏せれば問題ないと思います」

北見「企業は人なりと言います。賃金明細を見れば、どんな程度の人材なのか見当がつきます。ですから賃金明細は不可欠です」

元社員「理解できます」

北見「デューデリにおいてキーマンが誰なのか質問してもいいですよね?」

元社員「もちろんです。そこは重要です。社長の右腕は誰か？　営業のキーマンは誰か？　ということは、仲介会社のマニュアルにも含まれる重要事項です」

北見「社会保険料の納付状況を調べるのはどうですか？　年金機構がやっているように賃金明細と算定基礎届を突合したうえで銀行の振り込み実績まで確認します」

元社員「そこまでやったケースはないです。買った後で行うものだと思います」

北見「株式譲渡契約に『表明保証』という欄があって、買収後に瑕疵が見つかったら損害賠償を請求できることになっていますが、実際に請求する例はどのくらいありますか？」

元社員「瑕疵の程度にもよると思いますが、実際には請求していないケースが大半だと思います。致命的なことでなければまず請求していません」

北見「売り手側の経営者は、その後も役員とか顧問で残るケースが多いので、その人を相手に喧嘩はやりにくいのでは？」

元社員「はい、多少の瑕疵ならば買い手側がかぶっているのが現実です」

北見「キーマンが辞めたら、意味がありませんよね？」

元社員「キーマンに対しては株式譲渡契約を結ぶ前に説明する会社もありました。買い手によっては、『辞めないという確約書』まで求め、それを譲渡契約書に盛り込んだ例もありました」

北見「そこまで求めることもできるのですか？」

元社員「話し合いです」

北見「M&A仲介会社の仲介手数料は相場もあるのですか？」

元社員「仲介手数料は法令で定められていませんので自由ですが、大手の場合は相場があります。レーマン方式というのが使われますが、それも2種類ありまして、総資産に対するレーマン方式、株式譲渡額に対するレーマン方式があります。譲渡額が5億円までなら5％、5億から10億円までなら4％、10億から20億円までなら3％です。ただし、最低の成功報酬が決められていて、その額は2000万円とか2500万円です」

北見「例えば3億円が譲渡額の場合は？」

元社員「3億円の5％だと1500万円になってしまうので、その場合は最低の成功報酬である2000万円とか2500万円になります」

北見「仲介手数料の引き下げを交渉してもいいですか？」

元社員「仲介会社は、手数料を値切られるとやる気がなくなります。それよりも株式譲渡額で交渉してみて、それで折り合いがつかなければ仲介に値下げをお願いしてみてはいかがですか？　最初から仲介手数料を値切られると『付き合いにくい客』
ということになります」

【著者紹介】
北見昌朗（きたみ　まさお）
1959年、名古屋市生まれ。大学卒業後、経済記者として主に中小企業数千社を取材。1995年、新聞社を退社し独立。株式会社北見式賃金研究所を設立し所長に就任。上場企業ではなく中小同族企業を対象にした専門の人事・賃金コンサルタント業を始める。地元愛知県だけでなく、首都圏や関西圏等で数万人の給与を毎年調査分析している。
『小さな会社が中途採用を行なう前に読む本』『図解　小さな会社の退職金の払い方』『これだけは知っておきたい！　中小企業の賃金管理』（いずれも東洋経済新報社）など、30冊を超える著書がある。

人材獲得型M&Aの成功法則
「賃金デューデリ」で買収先の人材レベルを確認する

2024年2月13日発行

著　者――北見昌朗
発行者――田北浩章
発行所――東洋経済新報社
〒103-8345　東京都中央区日本橋本石町 1-2-1
電話＝東洋経済コールセンター　03(6386)1040
https://toyokeizai.net/

装　丁…………石間　淳
DTP…………アイシーエム
印　刷…………ベクトル印刷
製　本…………ナショナル製本
編集協力………パプリカ商店
編集担当………岡田光司
 Printed in Japan　ISBN 978-4-492-50350-8